F. VALEGIO   M. ROTA

RACCOLTA DI LE PIU ILLUSTRI ET FAMOSE CITTA DI TUTTO IL MONDO

FRANCESCO VALEGIO   MARTIN ROTA

RACCOLTA DI LE PIU ILLUSTRI ET FAMOSE CITTA

DI TUTTO IL MONDO

MIT EINER EINFÜHRUNG, EINEM REGISTER

UND QUELLENNACHWEISEN

VON

TRAUDL SEIFERT

VERLAG DR. ALFONS UHL
UNTERSCHNEIDHEIM 1978
ISBN 3 921503 36 1

Die vorliegende Ausgabe hätte nicht verwirklicht werden können, wenn nicht eine Reihe von Persönlichkeiten und Institutionen ihre Originale für die Reproduktion zur Verfügung gestellt hätten. Der Verlag bedankt sich dafür insbesondere bei den Herren Dr. Max Schefold (Stuttgart), Dr. Fritz Hellwig (Bonn-Bad Godesberg), der Bayerischen Staatsbibliothek München, der Zentralbibliothek Zürich, der British Library London, dem Museum für Kunst und Kulturgeschichte der Stadt Dortmund, der Kungl. Biblioteket Stockholm und dem Stadtarchiv Appenzell.

ÜBERBLICK

Die Entdeckung fremder Erdteile und der Aufstieg der wissenschaftlichen Kartographie im 16. Jahrhundert brachte eine Blüte der topographischen und kartographischen Literatur. Werke dieser Art beschreiben nicht nur exotische Länder, sondern auch europäische Staaten und Städte. Den Städten insbesondere gilt das Interesse der Autoren und Künstler, der Zeichner, Holzschnittmeister, Radierer und Kupferstecher.

In ihrem schlichten Reiz muten diese alten Stadtansichten an wie das sichtbar gewordene Lob der 'Civitas'. Dem Menschen des Spätmittelalters und der frühen Neuzeit bedeutete die Stadt mehr als nur Stätte der Arbeit, der Plage, des Broterwerbs. Für ihn schien das Wort Paul Claudels zu gelten: "La ville est la forme de l' humanité". In den Städten erfüllte sich das Menschliche, das Große im guten wie im bösen Sinne. Die Städte prägten das Gesicht ihres Umkreises und des ganzen Landes. Diese Strahlung hatte etw as vom Glanze des Mysteriums an sich und der Mensch spürte etwas von diesem letzlich religiösen Geheimnis, wenn er die Bürger, die in den schützenden Mauern wohnten, als 'Seelen', nicht als 'Volk' bezeichnete. Über alle Enge, die räumliche und oft genug auch die geistige, hinaus war und blieb die Stadt eine moralische Person. Sie umfaßt die Reihenfolge der vergangenen, gegenwärtigen und zukünftigen Geschlechter, sie ist als solche unsterblich.

Auch dies mag ein Grund gewesen sein, warum die Darstellungen der Städte kostbarer Schmuck von Atlanten und Reisebeschreibungen wurden und daß man bald daran ging, ihnen eigene Werke zu widmen. Bernhard von Breidenbach nahm auf seine Reise in das Heilige Land Erhard Reuwich als Zeichner mit, damit dieser die Hauptstationen der Reise im Bild festhalte. Der Künstler schuf für die gedruckte Ausgabe der *Peregrinationes in Terram Sanctam* (Mainz 1486) künstlerisch hochstehende und wirklichkeitsgetreue Holzschnittporträts der wichtigsten besuchten Städte.

Nach diesem vielversprechenden Anfang nahm die Entwicklung einen schnellen Fortgang. Schon wenige Jahre später fügte Hartmann Schedel seiner Weltchronik, dem *Liber Chronicarum* (Nürnberg 1493) weitere Stadtansichten ein. Einen ersten Höhepunkt erreichte die Entwicklung mit Johann Stumpffs *Schweizerchronik* (Zürich 1548) und in der zweiten Auflage von Sebastian Münsters *Kosmographie* (Basel 1550). Von der Auflage 1572 an mehren sich die porträtgetreuen Stadtansichten mit jeder neuen Ausgabe. Im Jahr 1572 auch kommt der erste Band eines Sammelwerkes auf den Markt, das für alle Vedutenwerke richtungweisend und für viele grundlegend werden sollte. Der kenntnisreiche kölner Kleriker Georg Braun (1541 – 1622) und der holländische Radierer Franz Hogenberg (vor 1540 – 1590) eröffneten die sechsbändige Reihe eines 'Städtebuches' mit dem ersten Band unter dem Titel *Civitates orbis terrarum*, die weiteren Bände erschienen 1575, 1581, 1588, um 1598 und 1617. Schon vor Abschluß dieses außergewöhnlich erfolgreichen Unternehmens wurden die einzelnen Bände in deutscher und teilweise auch in französischer Sprache neu aufgelegt. Text und Bilder dieser großen Enzyklopädie wurden bald in zahlreichen kleineren Städtebüchern ausgewertet, so in Abraham Saurs *Theatrum urbium* (1. Ausgabe Frankfurt a. M.

1581), in Petrus Bertius' *Commentarii rerum Germanicarum* (Amsterdam 1616) – die Kupfertafeln schuf der renommierte Stecher Petrus Kaerius – oder in Daniel Meisners und Eberhard Kiesers *Politischem Schatzkästlein* (Frankfurt a. M. 1625 – 1631).

AUSGABEN UND PLATTENZUSTÄNDE

In die Nachfolge des Braun-Hogenbergschen Städtewerkes sind auch die im folgenden neu herausgegebenen Blätter von Francesco Valegio und Martin Rota einzureihen. Sie erschienen erstmals unter dem Titel *Raccolta di le piu illustri et famose citta di tutto il mondo*. Die Namen der Künstler, Stecher und des Verlags, Erscheinungsort und -jahr werden im Titel dieser Ausgabe nicht genannt.

Exemplare der Originalausgaben sind selten geworden. Der Bildbestand und die Anordnung der einzelnen Blätter sind je nach Exemplar verschieden. Im allgemeinen werden die Blätter – wenn auch nicht ganz konsequent – nach Ländern oder Erdteilen gruppiert. Wenn nicht alle Anzeichen trügen, so umfaßt die Erstausgabe der Sammlung – ein handlicher Queroktavband – etwa 250 Ansichten. Jedenfalls fehlen in den zwei Originalen der Bayerischen Staatsbibliothek München die rund 60 Ansichten umfassende Reihe der Blätter mit einer durchlaufenden Bildlegende am unteren Rand (vgl. dazu S. 18). Denselben Schluß legt auch das Exemplar der *Raccolta* der British Library in London nahe. Die Sammlung dürfte erstmals kurz vor der Wende des 16. zum 17. Jahrhundert erschienen sein.

Eine spätere Ausgabe, von der sich zwei Exemplare in der British Library in London finden, veröffentlichte der venezianische Verleger Donato Rasicoti etwa zwischen 1610 und 1620 unter dem Titel *Teatro delle piu illustri et famose citta del mondo*. Der Bildbestand dieser Ausgabe variiert bei den einzelnen Exemplaren, vielleicht aber nur durch Plünderung von späterer Hand. Er umfaßt in der Regel mehr als 300 Abbildungen, von denen je zwei auf einer Folioseite abgedruckt sind.

Eine weitere Ausgabe mit einem dem Originaltitel vorgeschalteten, gestochenen Frontispiz *Nuova raccolta di tutte le piu illustri et famose citta di tutto il mondo* steht in der Zentralbibliothek Zürich. Friedrich Bachmann (*Die alten Städtebilder*. Leipzig 1939), der diese Ausgabe nur aus bibliographischen Notizen kannte, vermutet in ihr wohl richtig eine zwischen der Erstausgabe und dem *Teatro* zu datierende Edition. Jedenfalls deuten darauf die Tatsachen, daß Rasicoti bereits als Verleger zeichnet und vor allem, daß das neue überformatige Titelkupfer jenem der Originalausgabe als Faltblatt lediglich vorgeschaltet ist. Der Band enthält schon die meist sehr frischen Abzüge der Platten mit der durchlaufenden Bildlegende am unteren Rand.

Zu Anfang des 18. Jahrhunderts ist ein Großteil der Abbildungen nochmals erschienen in dem Lexikon Alphonsus Lasor a Varea (d. i. Raffael Savonarola), *Universus terrarum orbis scriptorum calamo delineatus* (Padua 1713). Vielleicht lag es nur an der unzureichenden Sorgfalt des Druckers, daß ein Großteil der Platten übermäßig stark einschwärzt. Die Qualität der Abzüge fällt in der Regel gegenüber jener der früheren Ausgaben ab.

Das für die vorliegende Neuausgabe angestrebte Hauptziel, die zur Rota-Valegio-Reihe zählenden Stadtansichten lückenlos vorzulegen, erwies sich als langwierige Arbeit. Im Vergleich zum bislang besten Verzeichnis von Friedrich Bachmann ist es gelungen, die Sammlung auf 320 Blatt zu ergänzen. Einige wenige Diskrepanzen zum Katalog Bachmanns erklären sich ohne weiteres als Irrtümer oder Druckfehler. Unklar bleibt lediglich, ob Bachmann tatsächlich zwei Ansichten der chinesischen Stadt Kuangtschou ('Kanton') gesehen hat. Jedenfalls fand sich keines dieser Blätter in den alten Ausgaben. Da Bachmann die Ansicht Quinzai, heute die Stadt Hangtschou, nicht registriert, darf wohl vermutet werden, daß er das Blatt Quinzai versehentlich mit Kuangtschou anstatt mit Hangtschou identifiziert hatte. Und das von Bachmann erwähnte zweite Blatt? Die Frage muß offenbleiben.

Verschiedene Plattenzustände konnten in nur wenigen Fällen registriert werden. Alle diese Varianten betreffen lediglich Textpartien einzelner Blätter. So ist in der zweiten Auflage die Stadtbezeichnung Brouversabia korrigiert in Brouversavia und Mola in Nola. Auf den bei Lasor abgedruckten Platten ist der ursprüngliche Bildtitel Ursina ergänzt durch die gängigere Namensform *Berna* und auf dem Blatt Corfu sind die Worte der ersten und zweiten Zeile 'sitta est' abgeändert in *'Corcyre in'*. Schließlich fehlt bei Lasor auf dem Blatt Lucerna die gesamte Bildlegende. Der Bildtitel 'Tshertogenbosch' lautet *'Hertogenbosch'*.

Für die Auswahl der Reproduktionsvorlagen war in erster Linie die gute Qualität eines Abzugs entscheidend. Doch ließen sich Einzelfälle nicht ganz ausschließen, in denen mangels eines besseren Originals auf zweitklassige Abzüge zurückgegriffen werden mußte.

DIE KÜNSTLER

Martin Rota ist 1520 in Sebenico geboren und wirkte zunächst in Venedig, dann in Florenz und Rom, seit 1568 weilte er am kaiserlichen Hof in Wien und ist hier auch 1583 gestorben. Neben der Wiedergabe einer beträchtlichen Anzahl von Werken Tizians und Michelangelos befaßte er sich außer mit einigen Veduten in der *Raccolta* auch mit anderen kartographischen und topographischen Arbeiten. So schuf er die Abbildungen in G. F. Camocios *Isole famose della reppublica di Venezia* (1556, 2. Aufl. 1572), sowie die Landkarten von Zadar und Sebenico, die in Lafreris Atlas erschienen sind.

Neben zahlreichen Blättern, die Valegio signiert hat, finden sich in der *Raccolta* einige Radierungen, die Martin Rota als Urheber nennen. Eindeutig zu identifizieren ist Rotas Namenszug auf den Abbildungen Algier, Konstantinopel, Lepanto, Paris und Rodi Citta. Die Blätter Algier, Konstantinopel und Rodi Citta sind auf das Jahr 1572 datiert. Das bedeutet, daß er diese Blätter während seines Aufenthalts in Wien geschaffen hat. Im Jahr 1572 war auch der erste Band von Braun-Hogenberg erschienen. Rota hat diese Topographie nur für sein Blatt Paris herangezogen, es sei denn, daß Hogenberg und Rota auf eine gemeinsame frühere Vorlage zurückgreifen. Bei der Darstellung von Konstantinopel stützt er sich auf eine Vorlage von Giulio Ballino.

Rota wurde nach Bachmann wiederholt auch als Schöpfer des Blattes Venedig vermutet. Es zeigt die für Rota charakteristische feine, sorgfältige Radierung und die den Blättern Al-

12

Vorgeschaltetes Titelblatt der vermutlich zweiten Ausgabe der *Raccolta*. Originalgröße 34,5 x 25 cm (Zentralbibliothek Zürich).

gier, Konstantinopel und Lepanto analoge Gestaltung mit dem charakteristischen Schriftband am unteren Bildrand und der kleinen zierlichen Schrift der Legende. In einem Exemplar der *Raccolta* aus dem Besitz der Bayerischen Staatsbibliothek München finden sich auf
dem Venedigblatt rechts unten, unmittelbar außerhalb des Bildrandes Spuren einer Signatur,
die sich unschwer als "Martinus Rota fecit" identifizieren läßt. Die Kupferplatte wurde wohl
nach dem Ätzen an den Rändern nochmals geschliffen, wobei die Signatur beschädigt
wurde.

Vermutlich hat Rota auch das Blatt Napoli nach einer Vorlage von Ballino geschaffen. Sein
Stil ist nicht so schwungvoll wie der Valegios, der Strich ist ruhiger, die Details sind minu-
tiös genau ausgeführt. Er liebte es, die freie Meeresfläche nicht nur mit Schiffsstaffagen, sondern auch mit Fischen, Vögeln und mythologischen Meeresgestalten zu beleben. Hier stehen
sich die Blätter Rodi und Napoli auffallend nahe. Beachtet man, wie ähnlich die Strand-
ränder und Festungsanlagen auf beiden Blättern radiert sind, und zieht man den Schriftzug
des Wortes 'Martin' in der Signatur des Blattes Paris und in der Bezeichnung 'Castel S. Martin' zur Identifizierung des Autors heran, so wird man das Blatt Napoli mit größerer Sicher-
heit Martin Rota als einem anderen Künstler zuschreiben.

Die Radierungen Rotas gehören zu den frühesten Blättern der *Raccolta*. Möglicherweise war
der Künstler maßgeblich an der Planung der Sammlung beteiligt. Da der Einfluß des Braun-
Hogenbergschen Städtewerkes in seinen Radierungen allenfalls bei der Abbildung Paris fest-
zustellen ist, erscheint es als durchaus denkbar, daß die *Raccolta* schon vor 1572, etwa auf

der Grundlage der Städtebücher Bertellis und Ballinos, sowie der Münsterschen *Kosmographie* geplant wurde. Rota hätte dann dem jüngeren Valegio die Hauptarbeit oder gar die Platten überlassen, weil er sich durch das umfassende Unternehmen von Braun und Hogenberg in seiner Konzeption gestört sah.

Francesco Valegio hat von den Blättern der vorliegenden Sammlung etwas mehr als ein Drittel signiert. Dabei dominieren die Namensformen Valegio oder Valezo, gelegentlich finden sich auch Abkürzungen wie Val. oder die ineinandergeschlungenen Initialen F und V (wie bei Ancona oder Bologna), nebeneinander erscheinen sie nur auf dem Blatt Colonia. In wenigen Fällen taucht die Schreibweise Vallegio auf (bei Antequera und Acquapendente) und nur auf dem Blatt Loxa die Variante Valezzo.

Über das Leben Valegios liegen äußerst spärliche Nachrichten vor. Er ist wohl um 1550 in Bologna geboren und betrieb später mit Caterino Doino in Venedig einen Kunstverlag. Neben den Veduten der *Raccolta*, die zu seinen frühesten Werken zu zählen sind, hat er auch andere Blätter, etwa über Einsiedler und Fechter geschaffen, auch Kartenradierungen sind nachweisbar. Seine Tätigkeit läßt sich bis in die vierziger Jahre des 17. Jahrhunderts verfolgen.

Welcher Art die Verbindungen zwischen Valegio und dem in Wien lebenden Rota waren, bleibt unklar. Wenn man annimmt, daß Valegio im großen und ganzen seine Stadtansichten analog zur Erscheinungsfolge der Braun-Hogenbergschen Bände geschaffen hat, fällt auf, daß sich gerade unter den nach dem ersten Band gestalteten Blättern Beispiele finden, die keinen

Einfluß der sorgfältigen Radiertechnik Rotas erkennen lassen (vgl. Abschnitt *Die frühesten Blätter Valegios?* s. unten). Die Einwirkung der Radiertechnik Rotas hat sich noch während der Arbeiten über Braun-Hogenberg I durchzusetzen begonnen. Das zeigt ein Vergleich etwa der mit FV signierten Abbildung Ancona mit Rotas Blatt Constantinopel. Die Blätter mit den ausgesprochen kleinfigurigen, den Veduten Rotas sehr ähnlichen Häuserdarstellungen (z. B. Gent, Messina, Mailand) häufen sich in dem Teil, der nach dem ersten Band von Braun-Hogenberg gestaltet ist. Bachmann rechnet mit der Möglichkeit, daß Valegio Rotas Schüler war.

Wesentlich geschlossener als bei Valegio sonst üblich zeigen sich die signierten Darstellungen Genova, Roan, Lissabon und London. Die ganze Durchbildung dieser Blätter weist auf einen späteren Valegio. Angesichts der Kargheit des Quellenmaterials läßt sich die Frage, ob Valegio Rotas Schüler gewesen ist, kaum definitiv beantworten.

DIE FRÜHESTEN BLÄTTER?

Die für die Radiertechnik Valegios am wenigsten charakteristischen Blätter sind die Abbildungen Dresden, Erfurt, Famagusta, Koblenz, Leipzig, Liege, Lindau, Rhodi, Sitten, Wittenberg und Würzburg. Sie sind durchweg nach Vorlagen aus dem ersten Band von Braun-Hogenberg geschaffen und tragen keine Signatur. Die Strichführung ist einfacher und weit weniger lebendig als in den für Valegio sonst typischen Radierungen. Flüsse, Seen und Meere werden vorwiegend durch waagrechte, gelegentlich von einzelnen Wellenlinien durchsetzte Striche angedeutet. Die kräftigen, langgezogenen, fast eintönigen Strichlagen, mit denen etwa auf den Blättern Erfurt, Koblenz, Leipzig und Wittenberg der Himmel über einer Stadt dargestellt wird, tauchen in keiner der übrigen Abbildungen auf. Dieselbe Einfachheit der Strichführung findet sich bei der Darstellung von Feldern und Landschaften. Der Sondercharakter dieser Gruppe erstreckt sich selbst noch auf die sorgfältig gestochene Kursive des Kartuschentextes, die hin und wieder schwungvoll ausgezogene Serifen ausweist.

Geht man einmal von der Annahme aus, daß Valegio nicht alle unsignierten Stadtansichten selbst geschaffen hat, trifft man in seiner unmittelbaren zeitlichen und räumlichen Umgebung auf Bonifacio Natale. Dieser wurde um 1550 in Sebenico, der Heimat Rotas, geboren und arbeitete später in Venedig bei Bertelli. Im Künstlerlexikon von Thieme und Becker werden seine Blätter als "zierlich, doch nicht ohne Trockenheit" charakterisiert. Außer dem vielleicht von Anfang an schadhaften Blatt Liège, das ohnehin durch eine Zweitfassung (Liegi) ersetzt wurde, sind diese Radierungen durchweg in der Erstfassung der *Raccolta* enthalten, sodaß man sie Valegio nicht unbedingt absprechen sollte. Dann müsste man sie in die früheste Schaffenszeit des Künstlers datieren, in der er noch wenig Eigenständigkeit entwickelt hat. Mehr Licht könnte in diese Frage eine Durchforstung der norditalienischen Vedutenstecherei während der zweiten Hälfte des Cinquecentos bringen, von der erst ein Bruchteil Gegenstand der modernen Forschung ist.

BLÄTTER MIT EINHEITLICH GESTALTETEM SCHRIFTBAND

Unter den 58 Radierungen, die am unteren Bildrand einen mehrzeiligen, über die ganze Breite laufenden Text aufweisen (z. B. Anfa, Appenzell), haben alle einen auffallend einheitlichen Charakter. Keines dieser Blätter ist signiert, alle sind nach Vorlagen aus dem ersten und vierten Band von Braun und Hogenberg geschaffen. Die Staffagen sind stark vereinfacht, Wappendarstellungen weisen nur die schweizerischen Städte auf. Die Zeichnung macht einen flüchtigen, sehr schnell hingeworfenen Eindruck, die Häuser werden relativ groß, die ganze Stadt verhältnismäßig einfach dargestellt. Das Gleiche gilt für die Vorder- und Hintergrundpartien.

Bachmann schließt die Möglichkeit nicht aus, daß diese gesamte Reihe von einem unbekannten Mitarbeiter Valegios stammen könnte. Doch ähneln die Palmbäume etwa der Abbildung Canonor allzu auffällig jenen des von Valegio signierten Blattes Calechut. Die Technik in der Darstellung von Gebäudetrakten des Blattes Ormus liegt in einer Reihe mit den von Valegio gezeichneten Blättern Sankt Gallen oder Sebenico, sodaß auch für diese Gruppe in erster Linie Valegio als Schöpfer in Frage kommen dürfte. Da keines dieser Blätter in einem der eingesehenen frühen Exemplare der *Raccolta* auftaucht, sondern erst in der *Nuova Raccolta,* darf man vermuten, daß sie nach Erscheinen der Erstausgabe entstanden sind. Die einheitliche Gestaltung legt den Schluß nahe, daß sie in zusammenhängender Reihenfolge geschaffen wurden.

18

Einige andere Blätter, für die im ganzen dieselben Feststellungen zutreffen, lassen sich als Varianten dieser Gruppe zuordnen, so die Blätter Brixen, Chios, Hafnia, Münden und Sneek. Sie sind nicht signiert und erscheinen auch in der Erstausgabe der *Raccolta* nicht. Alle basieren auf Vorlagen aus dem vierten Band von Braun-Hogenberg. Eine Besonderheit weisen sie auf: An Stelle des Schriftbandes befindet sich ein zusätzlicher Landschaftsstreifen. Die Aussparungen, wo sonst die Begrenzungslinie zwischen Bild und Schriftband verlief, sind deutlich zu erkennen. Auf dem Blatt Sneek erscheint noch ein angefangener, bzw. nicht getilgter Teilstrich. Offenbar war auch für diese Blätter ursprünglich ein kurzer Kommentar vorgesehen, der dafür ausgesparte Raum wurde dann aber in einem zweiten Schritt durch einen Landschaftsstreifen ersetzt.

KUPFERSTICHE

Der überwiegende Teil der Blätter ist radiert. Doch finden sich 42 Abbildungen, die ausschließlich als Kupferstich gearbeitet sind. Die Stiche zeichnen sich durch eine sehr saubere und strenge Linienführung aus, wirken aber nicht so lebendig wie die Radierungen, denen gelegentlich etwas vom Schmelz einer schnell hingeworfenen Federzeichnung anhaftet. Keines der gestochenen Bilder ist signiert.
Wollte man nach einem zeitgenössischen Stecher Ausschau halten, könnte man in erster

Linie an Giacomo Franco denken. Er lebte zwischen 1550 und 1620 in Venedig und scheint ausschließlich gestochen zu haben.

Unabhängig davon aber lassen äußerliche Züge Verbindungen zu den Radierungen herstellen. Am augenfälligsten sind Spuren, die sich durch nachträgliche Einfügungen in der Radiertechnik ergeben, etwa die Stadtbezeichnung auf dem Blatt Wilna. Hier reichte der der Bildlegende zugedachte Raum für die breit laufenden gestochenen Versalien nicht ganz aus, sodaß nur VILNA LITVANIAE in der vorgesehenen Form erscheint, während die syntaktische Ergänzung *metropolis* im typischen Schriftzug Valegios nachträglich anradiert wurde. Denselben charakteristischen Zug weist die radierte Schrift innerhalb der Kartusche des Blattes Lübeck auf.

In der Regel ist die gestochene Stadtbezeichnung in einfachen Versalien ausgeführt. Bei den Blättern Acquila, Bergen, Cremona, Danzig, Görlitz, Grodno, Orvieto, Serravalle, Trapani und Treviso wählte der Künstler eine sehr dekorative Zierschrift. Sie findet sich vereinzelt auch in radierten und signierten Blättern, etwa in den Flußbezeichnungen der Abbildungen Orleans und Hamburg.

ZUR CHRONOLOGIE

Es gibt keine Nachrichten und Untersuchungen, die über die Entstehung der *Raccolta* Aufschluß geben. Die Chronologie kann allenfalls in groben Zügen umrissen werden, wobei der

Spekulation wohl oder übel ein ganz erheblicher Spielraum zugestanden werden muß. Bachmann geht von der Überlegung aus, daß die Sammlung jeweils mit dem Erscheinen eines neuen Bandes des Werkes von Braun-Hogenberg seit 1572 gewachsen sei, indem Valegio das jeweils neue Bildmaterial auswertete. Dabei hat er im Verlauf der Arbeit auch auf schon früher erschienene Bände und auf Vorlagen anderer Künstler zurückgegriffen. Für eine längere Entstehungszeit spricht auch die Unterschiedlichkeit der Abbildungen hinsichtlich der äußeren Gestaltung wie der künstlerischen Durchdringung.

Die möglicherweise frühesten Blätter lehnen sich ausschließlich an Abbildungen des ersten Bandes der *Civitates orbis terrarum* an. Ausschließlich auf Vorlagen dieses Bandes basieren auch die Ansichten von Aldenburg, Heidelberg, Luneburgum, Moguntia, Nurinberga, Ratisbona, Spira, Ulma und Wormatia. Dieser Gruppe ist gemeinsam, daß die Erläuterungstexte formlos und in einer die Buchschrift nachahmenden Type innerhalb des Bildes erscheinen, wobei der Buchstabe *a* regelmäßig seitenverkehrt erscheint. Die etwas hilflose, auf eine ungeübte Hand weisende Schrift läßt auf eine frühe Entstehungszeit oder doch wohl auf einen Künstler schließen, dem es leichter fiel, Figuren als Schriften zu stechen.

Ein weiteres typologisches Merkmal früher Valegioblätter ist die Darstellung von Gewässern. Während der Künstler in den nach Vorlagen aus den späteren Bänden von Braun und Hogenberg geschaffenen Blättern Flüsse und Seen in eng gepunkteten Flächen wiedergibt, häufen sich bei den dem ersten Band entnommenen Veduten die Fälle, bei denen Gewässer in kräftigen Wellenlinien gekennzeichnet sind. Diese Darstellungsart findet sich nur noch in den nach Bertelli gestalteten Blättern Bologna, Brescia, Genua, Lucca und Palma, sowie bei der Radierung Freiberg, die als einzige einer Vorlage aus dem zweiten Band von Braun-Hogenberg nachgebildet ist. Die Punktiertechnik andererseits tritt schon in Blättern auf, die auf Vorlagen des ersten Bandes der *Civitates orbis terrarum* zurückgehen.

Die Radierungen nach Braun-Hogenberg II zeigen eine einheitlichere und gefestigtere Konzeption. Die Verwendung der Kartusche wird zur Regel. Auffallend homogen sind schließlich die bewundernswert feinen Vogelschaubilder nach Braun-Hogenberg III gearbeitet. Sehr elegant wirken verschiedene Darstellungen, die nach Braun-Hogenberg IV entstanden sind. Diese anscheinend so problemlose, an den Bänden von Braun und Hogenberg orientierte Chronologie wird im Einzelfall aber oft genug fraglich und kann nur unter erheblichen Einschränkungen als verbindlich gelten.

Welche Absicht Valegio mit der Herausgabe der *Raccolta* verfolgte, können wir nur ahnen. Vielleicht wollte er den Zeitgenossen, die sich die Prachtausgabe der Braun-Hogenbergschen Topographie nicht leisten konnten, eine handlichere und preisgünstigere Sammlung der berühmtesten Städte der Welt in die Hand geben. Daß er sich bei der Präsentation seiner Ansichten auf fremde Quellen stützte, ist für jene Zeit, die ein Urheberrecht in unserem heutigen Sinn nicht kannte, durchaus nichts Ungewöhnliches.

REGISTER

Im folgenden *Register* sind die Städte nach ihren modernen Namen alphabetisch geordnet. Im anschließenden *Faksimileteil* richtet sich die alphabetische Reihenfolge nach der Bezeichnung der Originalradierungen. Soweit die moderne Bezeichnung (z. B. Mainz) von der alten (in diesem Fall: Moguntia) abweicht, ist die letztere der modernen in Klammern nachgesetzt und außerdem in der alphabetischen Abfolge durch einen Querverweis (Moguntia siehe Mainz) zugeordnet, sodaß jedes gesuchte Blatt anhand der beiden alphabetischen nachgesetzt und außerdem in der alphabetischen Abfolge durch einen Querverweis (Moguntia siehe Mainz) zugeordnet, sodaß jedes gesuchte Blatt anhand der beiden alphabetischen Reihen mühelos zu finden ist.

Quellenwerke, die in Kurzform zitiert sind:

Ballino   Giulio Ballino, *De' disegni delle piu illustri citta, & fortezze del mondo.* Venedig 1569.

Belle-Forest   Francois de Belle-Forest, *La Cosmographie universelle de tout le monde.*

Bertelli   Petrus Bertellius, *Theatrum urbium italicarum.* Venedig 1599.

BH   Georg Braun - Franz Hogenberg, *Civitates orbis terrarum.* 6 Bände. Köln 1572, 1575, 1581, 1588, 1598 und 1617.

Münster   Sebastian Münster, *Cosmographiae universalis libri V.* Basel 1572

Sigla   *Q:* Quelle bzw, Vorlage. *S:* Künstlersignatur. *Stich:* Gestochenes Blatt.

Aachen (**Aquisgrana**) Q: BH I 13, seitenverkehrt.

Aalst (**Aelst**) S: Valegio. Q: BH IV 10.

Acquapendente (**Aquapendente**) S: Valegio. Q: Bertelli.

Aden S: Valegio. Q: BH I 54.

Aldenburg siehe Stade

Alexandria Q: BH II 56. Kartuschentext gekürzt.

Algier S: Rota, datiert 1572.

Altdorf/Kanton Uri (**Ursella**) Q: BH I 33, Wappen vereinfacht. Fußtext nach BH.

Amersfoort (**Amorfortia**) S: Valegio. Q: BH IV 15

Amiens S: Valegio.

Amsterdam S: Valegio. Q: BH I 20. Staffage vereinfacht, Wappen fehlt.

Ancona S: V(alegio). Q: BH I 47.

Anfa Q: BH I 58. Fußtext gekürzt.

Antequera S: Valegio. Q: BH II 4, stark vereinfacht. Staffage seitenverkehrt, Kartuschentext gekürzt.

Antwerpen (**Anverssa**) S: Val(egio). Q: BH I 18. Ohne Wappen und Staffage.

Appenzell (**Appencella**) Q: BH I 33. Wappen seitenverkehrt.

Aquila degli Abruzzi Q: Nicht BH, nicht Bertelli. W: Stich.

Aquisgrana siehe Aachen

Argentina siehe Straßburg

Arnsberg (**Arnsperg**) S: Valegio. Q: BH IV 22, jedoch ohne Staffage. Text auszugsweise BH.

Arras S: Valegio. Q: BH III 22. Staffage seitenverkehrt. Wappen seitlich vertauscht.

Arsilla (**Arzilla**) Q: BH I 57. Fußtext stark verkürzt.

Asaffi (**Tzafin**) Q: BH I 57.

Ascoli Q: Bertelli, *Aggiunto al teatro delle citta d' Italia*. W: Stich.

Augsburg (**Augusta**) Q: Ballino, von BH I,40 beeinflußt. Gestaltung des Wappens nach Ballino.

Aurelia siehe Orléans.

Autun (**Authun**) S: Val(egio). Q: III 10 ohne Staffage, Kartuschentext gekürzt.

Avignon Q: BH II 13, ohne Wappen und Staffage. Kartuschentext erster Satz.

Azemmur (**Azam urum**) Q: BH I 58.

Baden im Aargau (**Badenia**) S: Valegio. Q: BH II 36. Staffage vereinfacht. Kartuschentext gekürzt.

Barcelona S: Valegio. Q: I 6. Staffage verändert.

Basel Q: BH I 33 , ohne Wappen.

Belitri siehe Velletri

Bergamo Q: Bertelli.

Bergen / Norwegen Q: BH IV 37. Staffage seitenverkehrt. Kartuschentext erster Satz. W: Stich.

Bergen op Zoom (**Berga**) S: Valegio. Q: BH III 14. Staffagefiguren seitenverkehrt. Kartuschentext gekürzt.

Bern (**Ursina**) Q: BH I 33. Wappen und Bergkulisse im Hintergrund seitenverkehrt.

Besançon (**Vesontio**) Q: BH II 16, ohne Staffage und Wappen.

Béthune Q: BH IV 7. Kartuschentext fehlerhaft gekürzt.

Bilbao (**Bilvao**) S: Valegio. Q: BH IV 7, ohne Wappen. Staffagefiguren zahlenm äßig verringert und seitenverkehrt.

Blois (**Bloys**) Q: BH II 14, ohne Wappen und Staffage.

Bologna (**Bononia**) S: FV(alegio). Q: Bertelli, ohne Wappen.

Bolsward (**Bolzvardia**) Q: BH IV 17, um 90 Grad gedreht, dadurch Gebäude verändert. Kartuschentext fehlerhaft gekürzt.

Boppard (**Bopart**) Q: BH IV 24, seitenverkehrt.

Bordeaux (**Burdegala**) S: Valegio. Q: BH I 10.

Bourges S: FV(alegio). Q: BH II 10. Staffage vermindert, seitenverkehrt.

Braunschweig (**Brunsvicum**)Q: BH I 24. Staffage in BH-Manier hinzugefügt. Kartuschentext identisch. W: Stich.

Bremen (**Brema**) Q: BH I 24.

Brescia S: Valegio. Q: Bertelli, jedoch ohne Wappen.

Breslau (**Wratislavia**) S: Valegio. Q: BH IV 42, rechtes Wappen stilisiert, seitenverkehrt.

Brielle (**Brilium**) S: Valegio. Q: BH II 27. Kartuschentext identisch.

Bristol (**Brightstowe**) S: Valegio. Q: BH III 2. Staffage seitenverkehrt.

Brixen Q: BH IV 45, stark vereinfacht, seitenverkehrt.

Brouwershaven (**Broversabia**) Q: BH I 22, ohne Wappen.

Brügge (**Bruge**) Q: BH I 17.

Brunsvicum siehe Braunschweig

Brüssel (**Bruxeles**) S: Valegio. Q: BH I 15, ohne Wappen.

Buda Q: BH I 42. Stehende Staffage seitenverkehrt. Reiterstaffage hinzugefügt. W: Stich.

Burdegala siehe Bordeaux

Burgos S: Valegio. Q: BH I 7. Staffage seitenverkehrt.

Cadiz (**Caliz**) Q: BH I 6, ohne Staffage

Cagliari (**Caliari**) Q: Bertelli.

Cairo siehe Kairo

Caliz siehe Cadiz

Calcaria siehe Kalkar

Calechut siehe Kalkutta

Cambrai (**Cambray**) Q: BH IV 5. Staffage seitenverkehrt. W : Stich

Cambridge (**Cantebrigia**) S: Valegio. Q: BH II 1. Staffage seitenverkehrt. Wappen fehlt.

Campena siehe Kampen

Candia siehe Kandia

Cannanur (**Canonor**) Q: BH I 55.

Cantebrigia siehe Cambridge

Canterbury (**Cantuaria**) Q: BH IV 10, ohne Staffage und Wappen.

Cascale Q: BH I 2.

Cassel siehe Kassel

Casteaudum siehe Chateaudun.

Catania Q: Bertelli.

Cestria siehe Chester

Ceuta (**Septa**) Q: BH I 57

Chalons-sur-Marne (**Chalon**) Q: BH IV 4, um 90 Grad gedreht. Staffage seitenverkehrt.

Chartres S: Valegio. Q: BH III 8, um 90 Grad gedreht. Staffage seitenverkehrt.

Chateaudun (**Casteaudum**) S: Valegio. Q: III 8, um 90 Grad gedreht. Text gekürzt.

Chester (**Cestria**) S: Valegio. Q: III 3. Staffage vereinfacht, seitenverkehrt, nur Stadtwappen übernommen.

Chieti (**Chietti**) Q: Nicht BH, nicht Bertelli. W: Stich.

Chios Q: BH IV 57, seitenverkehrt.

Chilonium siehe Kiel

Colmar (**Kolmar**) S: Valegio. Q: BH II 36.

Colonia siehe Köln

Como (**Lago de Com.**) Q: Nicht BH, nicht Bertelli.

Confluentia siehe Koblenz

Constantia siehe Konstanz

Cordoba (**Corduba**) Q: BH IV 6.

Corfu Q: BH II 53

Coronenburgum siehe Helsingör

Costantinopoli siehe Konstantinopel

Cremona Q: Bertelli.

Crempa siehe Krempe

Cuzco (**Cusco**) S: Valegio. Q: BH I 59.

Damaskus (**Damasco**) Q: BH II 55. Staffage seitenverkehrt.

Danzig (**Danzicha**) Q: BH II 46, vereinfacht. Staffage seitenverkehrt. Kartuschentext gekürzt. W: Stich.

Delft S: Val(egio). Q: BH III 29. Staffage vereinfacht. Figuren seitenverkehrt. Wappen fehlt. Kartuschentext gekürzt.

Deventer S: Valegio. Q: BH III 33. Staffagefiguren seitenverkehrt. Rechtes Wappen seitenverkehrt.

Diu Q: BH I 58.

Dokkum (**Doccum**) Q: IV 18.

Dordrecht S: Valegio. Q: BH III 28. Schiffsstaffage fehlt.

Staffagefiguren und linkes Wappen seitenverkehrt.

Dortmund (**Dormund**) Q: BH IV 20, ohne Staffage.

Douai (**Dovay**) S: Valegio. Q: BH III 20. Staffage seitenverkehrt. Kartuschentext gekürzt.

Dresden Q: BH I 29. Staffage vereinfacht und seitenverkehrt.

Dubrovnik (**Ragusi**) Q: Nicht Bertelli, nicht BH.

Duisburg (**Duisburgum**) S: Valegio. Q: BH II 34.

Edinburgh (**Edenburg**) S: Valegio. Q: BH III 4. Staffage vereinfacht und seitenverkehrt.

Eger (**Egra**) Q: BH I 31.

Elbogen siehe Malmö.

Emden (**Emuda**) Q: BH II 32. Ohne Staffage, Wappen seitlich vertauscht.

Enkhuizen (**Enchusa**) S: Valegio. Q: BH III 30. Text nach
  BH, Sinn entstellt.

Erfurt (**Erpffurdt**) Q: BH I 26. Staffage in BH-Manier hinzugefügt.

Esdynfort siehe Hesdin

Famagusta (**Famaugusta**) Q: BH I 51.

Ferrara Q: Nicht BH, nicht Bertelli.

Flensburg (**Flensburgum**) S: Valegio. Q: BH IV 30.

Florenz (**Fiorenza**) S: Valegio. Q: Vielleicht nach Münster,
  Wappen nach Bertelli.

Formia (**Mola**) Q: BH III 55. W: Stich.

Frankfurt am Main (**Francfort**) Q: BH I 36, vereinfacht ohne

Staffage.

Frankfurt an der Oder (Francfordia) Q: BH I 28.

Freiberg/Sachsen (Fribergum) S: Valegio. Q: BH II 39. Staffage seitenverkehrt. Kein Wappen.

Freising (Frisinga) Q: BH I 41.

Fribourg (Friburgh) Q: BH I 33

Fulda Q: BH I 26.

Gallipoli S: Valegio. Q: Bertelli.

Gandt siehe Gent.

Genf (Ginevra) S: Valegio. Q: Ballino.

Gent (Gandt) S: Valegio. Q: BH I 16. Stark vereinfacht, ohne Wappen.

Genua (Genova) S: Valegio. Q: Bertelli. Ohne Wappen.

Glarus (Glarona) Q: BH I 33, Wappen nach Münster.

Goa Q: BH I 58. Text ausführlicher als BH.

Gorkum (Goricum) Q: BH I 22, ohne Wappen.

Görlitz (Gorlitium) Q: BH II 45. Staffage seitenverkehrt, linkes Wappen fehlt, rechtes Wappen seitenverkehrt. W: Stich.

Gotha Q: BH I 26.

Gouda S: Valegio. Q: BH IV 14. Ohne Staffage. Wappen seitlich vertauscht.

Granada (Granata) S: Valegio. Q: BH I 5. Sehr frei behandelt, Staffage verringert.

Grenoble Q: BH III 9.

Grodno (Grodna) Q: BH II 48. Staffage vereinfacht und seitenverkehrt. Wappen seitenverkehrt. W: Stich.

Groningen (Groninga) Q: BH II 32, ohne Staffage.

Haarlem (Harlemum) Q: BH II 26. Staffage seitenverkehrt. Kartuschentext nach BH, entstellt.

Hadersleben (Haderslebia) Q: BH IV 33. Staffage und Wappen fehlen.

Hafnia siehe Kopenhagen

Hala siehe Schwäbisch Hall

Hamburg (Hamburgum) S: Valegio. Q: BH IV 36. Kartuschentext stark verkürzt.

Hangtschou (Quinzai) Q: Nicht BH, nicht Ballino.

Hannoversch Münden (Munden) Q: BH IV 39. Stadtbild seitenverkehrt. Staffage und Wappen fehlen.

Harlingen (Harlinga) Q: BH IV 17. Stadtteil rechts unten fehlt.

Heidelberg Q: BH I 35. Text sehr gekürzt.

Helsingborg (Helsheborch) Q: BH IV 29.

Helsingör (Coroneburgum) S: Valegio. BH V 33.

s' Hertogenbosch (Tshertogenbosch) S: Valegio. Q: BH IV, 12. Staffage seitenverkehrt.

Hesdin (Esdynfort) S: Valegio. Q: BH IV 6. Staffage seitenverkehrt. Wappen fehlt.

Hierusalem siehe Jerusalem

Hindeloopen (Hindelopia) Q: BH IV 17, jedoch um 180 Grad gedreht. Kartuschentext gekürzt.

Hipra siehe Ypern.

Husum (Husenum) Q: BH IV 33.

Ijlst (Ilsta) Q: BH IV 18. Staffage seitenverkehrt.

Innsbruck (Inspruch) S: Valegio. Q: BH II 42. Staffage seitenverkehrt. Kartuschentext gekürzt.

Itzehoe (Itzehoa) S: Valegio. Q: BH IV 30. Staffage seitenverkehrt.

Jena (Iena) Q: BH I, 26.

Jerez de la Frontera (Xeres de la Frontera) Q: BH II 6. Staffage vereinfacht.

Jerusalem (Hierusalem) 2 Platten
 a) nicht signiert und ohne Staffage: Q: BH II 54.
 b) S: Valegio.

Kairo (Cairo) Q: BH I 56, ohne Staffage.

Kalkar (Calcaria) S: Valegio. Q: BH II 35. Staffage seitenverkehrt.

Kalkutta Calechut) S: Valegio. Q: BH I 55, Staffage seitenverkehrt.

Kampen (Campena) S: Valegio. Q: BH III 34. Staffage seitenverkehrt.

Kandia (Candia) Q: BH II 53.

Kassel (Cassel) Q: BH I 27.

Kempten S: Valegio. Q: BH II 38. Staffage seitenverkehrt. Die äußeren Wappen seitlich vertauscht, das mittlere Wappen seitenverkehrt schraffiert.

Kiel (Chilonium) S: Valegio. Q: BH IV 34. Staffage zahlenmäßig vereinfacht, seitenverkehrt. Kartuschentext gekürzt.

Koblenz (Confluentia) Q: BH I 37.

Koblenz (Koblentz) Q: BH I 37. Staffage seitenverkehrt.

Kolmar siehe Colmar.

Köln (Colonia) S: FV(alegio). Q: BH I 39. Um 180 Grad gedreht, ohne Staffage.

Königsberg (Mons Regius) Q: BH III 43. W: Stich.

Konstantinopel (Costantinopoli) S: Rota, datiert 1572. Q: Ballino.

Konstanz (Constantia) S: Valegio. Q: BH II 41.

Kopenhagen (Hafnia) Q: BH IV 28 (oben), sehr frei behandelt.

Krempe (Crempa) Q: BH IV 35, ohne Wappen.

Lago di Como siehe Como.

Landskrona (Landeskron) Q: BH IV 29, ohne Staffage.

Lauingen (Laubinga) Q: BH IV 45. Stadtbild seitenverkehrt, ohne Staffage.

Lauretum siehe Loreto

Leiden S: Valegio. Q: BH II 25. Kartuschentext nach BH gekürzt.

Leipzig (Leibzigk) Q: BH I 29. Staffage vereinfacht.

Lepanto, Schlacht bei -- S: Rota, nicht BH, nicht Bertelli.

Liège bzw. Liegi siehe Lüttich.

Lier Q: BH IV 11, ohne Staffage. W: Stich.

Lille (Rissel) S: Valegio. Q: BH III 19.

Lindau (Lindaw) Q: BH I 32.

Lippstadt (Lippe) Q: BH IV 20. Staffage fehlt.

Lissabon (Lisbona) S: Valegio. Q: BH I 2. Rechtes Wappen neu.

Loja (Loxa) S: Valegio. Q: BH II 7. Staffage seitenverkehrt.

London (Londra) S: Valegio. Q: Nicht BH.

Loreto (**Lauretum**) Q: BH III 51 und Bertelli. Ohne Staffagen und Wappen. Kartuschenform nach BH, Text nach Bertelli. W: Stich.

Louvain (Lovania) S: Valegio. Q: BH III 11, ohne Staffage.

Loxa siehe Loja.

Lübeck (Lubeca) Q: BH I 25. Staffage fehlt. W: Stich.

Lucca (Luca) S: Valegio. Q: BH IV 50 und Bertelli.

Lund (Lunden) Q: BH IV 29.

Lüneburg (Luneburgum) Q: BH I 24. Staffage fehlt.

Lüttich (Liège) Q: BH I 12. Linkes und mittleres Wappen fehlen. Keine Staffage.

Lüttich (Liegi) S: Valegio. Q: BH I 12, ohne dekoratives Beiwerk. Mittelwappen fehlt. Außenwappen seitlich vertauscht.

Luxembourg Q: BH III 16.

Luzern (Lucerna) Q: BH I 33.

Lyon S: Valegio. Q: BH I 11.

Maastricht (Mastrih) Q: BH III 15, stark vereinfacht, ohne Staffagen.

Maastricht (Traject) Q: BH II 21.

Mâcon (Mascon) Q: BH V 4. Staffage seitenverkehrt.

Mailand (La gran cita di Milano) S: FV(alegio). Q: BH I 43 und Bertelli. Titel nach Bertelli. Stadtwappen nach BH.

Mainz (Moguntia) Q: BH I 38. Vordergrund verändert.

Malaga Q: BH I 3.

Malignes siehe Mecheln.

Malmö (Elbogen) Q: BH IV 29.

Malta Q: BH I 51.

Mantua Q: BH II 50 und Bertelli. Wappen und Kartuschentext nach Bertelli. W: Stich.

Marchena (Martia) Q: BH IV 3. Staffage vereinfacht und seitenverkehrt.

Marseille (Marssilia) Q: BH II 12, ohne Staffagen.

Martia siehe Marchena.

Mecheln (Malignes) S: Valegio. Q: BH I 19. Vordergrund angereichert.

Meissen S: Valegio. Q: BH II 44. Staffage vereinfacht, seitenverkehrt. Wappen seitlich vertauscht. Linkes Wappen seitenverkehrt.

Messina S: FV(alegio). Q: BH I 50. Titel und Schiffsstaffage nach Bertelli.

Methoni (Modon) Q: BH II 52.

Metz Q: BH II 15.

Mexico S: Valegio. Q: BH I 59. Staffage von links nach rechts versetzt, seitenverkehrt.

Middelburg (Midelburgum) S: Valegio. Q: BH II 28. Staffage seitenverkehrt und vereinfacht. Wappen seitlich versetzt.

Milano siehe Mailand.

Modon siehe Methoni.

Moguntia siehe Mainz.

Mola siehe Formia.

Mombasa (Mombaza) Q: BH I 54.

Monacho siehe München.

Mons S: Valegio. Q: BH III 24.

Mons Regius siehe Königsberg.

Moskau (Moscovia) Q: BH II 47. Staffage und Wappen teilweise seitenverkehrt. W: Stich

München (**Monacho**) Q: BH I 41.

Munden siehe Hannoversch Münden.

Namur Q: BH II 20. Staffage und Wappen fehlen.

Napoli di **Romagna** (**Napoli de Romania**) Q: Nicht BH, nicht Bertelli, nicht Ballino.

Neapel (**Napoli**) Q: Ballino

Negroponte Q: Nicht BH, nicht Bertelli.

Nemausus siehe Nimes

Neuss (**Neus**) Q: BH II 33. Staffage vereinfacht.

Nevers S: Valegio. Q: BH III 10, sehr frei gestaltet.

Nicosia Q: Nicht BH, nicht Bertelli.

Nîmes (**Nemausus**) S: Valegio. Q: BH I 10.

Nimwegen (**Noviomagum**) Q: BH III 18. Wappen seitlich vertauscht. Kartuschentext nach BH, gekürzt.

Nördlingen (**Nordlinga**) Q: BH I 41.

Norwich (**Nordovicum**) S: Valegio. Q: BH III 1. Staffage seitenverkehrt. Wappen seitlich vertauscht.

Noviomagum siehe Nimwegen.

Nürnberg (**Nurinberg**) Q: BH I 32, stark zusammengezogen. Keine Staffage. Vordergrund verändert. Text nach BH, gekürzt.

Oldenburg in **Holstein** (**Oldenburgh**) Q: BH I 24

Orléans (**Aurelia**) S: Valegio. Q: Belle-Forest. Staffage in BH-Manier.

Orléans S: FV(alegio). Q: BH II 10. Eine Staffagenfigur

fehlt, Paar seitenverkehrt.

Ormuz (**Ormus**) Q: BH I 55, stark vereinfacht. Fußtext nicht nach BH.

Orvieto Q: Bertelli.

Osnabrück (**Ossenburgh**) Q: BH I 23, vereinfacht.

Osuna Q: BH IV 3. Vordergrundstaffage vereinfacht, seitenverkehrt.

Padua (**Padoa**) S: Valegio. Q: Nicht Bertelli, nicht Münster.

Palermo S: Valegio. Q: BH I 49. Ohne Wappen.

Palma Q: Münster und Bertelli.

Parenzo Q: BH II 52, vereinfacht.

Paris (**Parise**) S: Rota. Q: BH I 8. Wappen nach Belle-Forest.

Parma S: Val(egio). Q: Bertelli.

Passau (**Patavia**) Q: BH III 46. Kartuschentext stark gekürzt. W: Stich.

Pavia Q: Matteo Florini, *Pavia*. Venedig ca. 1560/70.

Perugia S: FV(alegio). Q: Bertelli, ohne Wappen.

Pesaro Q: Bertelli, ohne Wappen. W: Stich

Piacenza Q: Bertelli. W: Stich.

Poitiers (**Pictavis**) S: Valegio. Q: BH I 9.

Prag (**Pragha**) Q: BH I 29, stilisiert.

Quiloa siehe Kilwa.

Quinzai siehe Hangtschou

Ragusi siehe Dubrovnik.

Ratisbona siehe Straubing.

Regensburg (Straubinga) Q: BH I 41 (Abbildung wie bei BH mit jener von Straubing verwechselt).

Reggio nell' Emilia Q: Bertelli.

Rendsburg (Reinkoldsburgh) Q: BH IV 35.

Rhodos (Rhodi) Q: BH I 51.

Rhodos (Rodi cita) S: Rota, datiert 1572. Nicht BH, nicht Bertelli.

Rimini Q: Bertelli. Kartuschentext nach BH. W: Stich.

Rissel siehe Lille.

Roan siehe Rouen

Rochelle, La (Roccela) Q: BH II 11, mit Veränderungen.

Rodi cita siehe Rhodos.

Rom (Roma) Q: Bertelli, ohne Wappen.

Roma Antiqua S: Valegio. Q: Bertelli, stark vereinfacht.

Romans S: Valegio. Q: BH III 7 und Belle-Forest.

Rostochium siehe Wismar.

Rostock (Wismaria) Q: BH I 27 bzw. 28 (Die Ansichten von Rostock und Wismar sind wie bei BH verwechselt.

Rothenburg ob der Tauber (Rotenburg) Q: BH I 37.

Rotterdam (Roterdam) Q: BH IV 13, schematisiert.

Rouen (Roan) S: Valegio. Q: BH I 10.

Ruffach (Rufach) S: Val(egio). Q: BH II 36. vereinfacht, seitenverkehrte Staffage.

Sala Q: BH I 57.

Saint-Omer (S. Omer) S: Valegio (zweimal). Q: BH IV 8, vereinfacht.

Salzburg (Saltzburg) S: Valegio. Q: BH I 22.

Sankt Gallen (S. Galli) S: Valegio. Q: BH II 41. Staffagefiguren seitenverkehrt.

San Sebastian (Sto. Sebastian) Q: BH I 7.

Santander S: Valegio. Q: BH II 9. Staffagefiguren seitenverkehrt.

Schaffhausen (Schaphusia) Q: BH I 33. Wappentier seitenverkehrt. Text nach BH, gekürzt.

Schleswig (Slevicum) S: Valegio. Q: BH IV 31. Ohne rechte Staffagefigur und linkes Wappen. Staffage links unten seitenverkehrt.

Schwäbisch Hall (Hala) S: Valegio. Q: BH II 37. Staffage seitenverkehrt.

Schwyz (Svicia) Q: BH I 33.

Sebenico siehe Sibenik

Segeberg (Segeberga) S: Valegio. Q: BH IV 32. Elefant im rechten Wappen seitenverkehrt.

Septa siehe Ceuta.

Serravalle (Seraval) Q: Bertelli. W: Stich.

Sevilla (Sevilia) S: FV(alegio). Q: BH IV 2. Ohne Staffage. Wappen stark stilisiert.

Sibenik (Sebenico) S: Valegio. Q: BH II 52.

Siena S: Valegio. Q: Nicht BH, nicht Bertelli, nicht Ballino.

Siena (nicht signiert) Q: BH I 49 und Bertelli. Kartuschentext nach Bertelli. W: Stich.

Sitten Q: BH I 38. Staffage seitenverkehrt.

Slevicum siehe Schleswig.

Sloten Q: BH IV 18. Staffage seitenverkehrt.

Sluis (Sluys) S: Valegio. Q: BH III 21. Staffage seitenverkehrt.

Sneek (**Sneech**) Q: IV 18, stark stilisiert.

Soest Q: BH IV 21. Ohne Staffage. Schlüssel im rechten Wappen seitenverkehrt.

Solothurn (**Soluturum**) Q: BH I 33.

Speyer (**Spira**) Q: BH I 35.

Stade (**Aldenburg**) Q: BH I 24.

Stavoren (**Staveren**) Q: BH IV 17.

Stettin (**Stetinum**) S: Valegio. Q: BH IV 41.

Stockholm (**Stocholm**) Q: Nicht BH.

Straßburg (**Argentina**) Q: BH I 34, stark vereinfacht. Kein Wappen, keine Staffage.

Straubing (**Ratisbona**) Q: BH I 41 (Abbildung wie bei BH mit jener von Regensburg verwechselt).

Stuttgart (**Stucharth**) Q: Sauter 1592 (vgl. Max Schefold, *Alte Ansichten aus Württemberg.* Stuttgart 1957. Nr. 7779). W: Stich.

Sulmona S: Valegio. Q: Bertelli.

Svicia siehe Schwyz.

Swol siehe Zwolle

Sylvania siehe Unterwalden.

Tanger (**Tingis**) Q: BH I 57.

Teramo (**Terramo**) Q: Nicht BH, nicht Bertelli. W: Stich.

Terracina Q: BH III 54. Staffage seitenverkehrt. W: Stich.

Tigurum siehe Zürich.

Tingis siehe Tanger.

Tirlemont (**Tienen**) S: Valegio. Q: BH III 13. Staffage seitenverkehrt.

Tivoli Q: BH III 52. W: Stich.

Toledo S: FV(alegio). Q: BH I 4. Stark stilisiert.

Tournai (**Tornacum**) Q: BH IV 9. Stark stilisiert. W: Stich.

Tours S: Valegio. Q: BH I 9, vereinfacht.

Traject siehe Maastricht

Trajectum siehe Utrecht.

Trapani (**Trapano**) Q: BH I 49. W: Stich.

Treveris siehe Trier.

Treviso Q: Nicht BH, nicht Bertelli. Staffage seitenverkehrt und vereinfacht nach BH und Bertelli. W: Stich.

Trient (**Tridentum**) Q: BH III 48, ohne Staffage. W: Stich.

Trier (**Treveris**) Q: BH I 37.

Tshertogenbosch siehe Hertogenbosch.

Tübingen (**Tubinga**) Q: BH IV 40. Staffage vereinfacht.

Tugium siehe Zug

Tunis (**Tunes**) Q: BH II 57. Staffage vereinfacht.

Turin (**Turino**) Q: Bertelli. W: Stich.

Tzafin siehe Asaffi.

Udine S: Valegio. Q: Nicht BH, nicht Bertelli.

Ulm (**Ulma**) Q: BH I 32. Titel nach BH.

Unterwalden (**Sylvania**) Q: BH I 33.

Urbino Q: BH IV 52. W: Stich.

Ursella siehe Altdorf

Ursina siehe Bern.

Utrecht (**Trajectum**) Q: BH I 20, vereinfacht.

Valenciennes (**Valenchienes**) S: Valegio. Q: BH III 25. Staffage seitenverkehrt.

Valladolid (**Vagliadolit**) S: Valegio. Q: BH I 4. Staffage im Vordergrund fehlt.

Velletri (**Belitri**) Q: Bertelli. W: Stich.

Venedig (**Venetia**) S: Rota (? siehe S. 12ff.). Q: J. de' Barbari, *Venetie MD,* Venedig 1500 (indirekt).

Verona S: Valegio. Q: BH III 49. Ohne Staffage links unten und Amphitheater rechts unten.

Vesontio siehe Besançon.

Vicenza S: FV (alegio). Q: BH IV 47.

Vilna siehe Wilna.

Viterbo Q: Bertelli. Hinzugefügt Maßstab und Windrose. W: Stich.

Weimar (**Winmaria**) Q: BH I 26, vereinfacht. Staffage und Wappen fehlen. W: Stich.

Weißenburg im Elsaß (**Wissenburg**) Q: BH II 36. Vorstädte vereinfacht.

Wesel (Radierung) S: Valegio. Q: BH IV 19.

Wesel (Kupferstich) Q: Vielleicht BH IV 19, doch Änderungen im Stadtbild.

Wien (**Vienna**) Q: BH I, 42. Vordergrund stark vereinfacht Keine Staffage.

Wilna (**Vilna**) Q: BH III 59. Staffage vereinfacht. Titel nach BH. W: Stich.

Wismar (**Rostochium**) Q: BH I 28 (Die Ansichten Rostock und Wismar sind wie bei BH verwechselt).

Wismaria siehe Rostock.

Wittenberg Q: BH I 28. Staffage vereinfacht.

Worms (**Wormatia**) Q: BH I 35.

Wratislavia siehe Breslau.

Würzburg (**Wyrtzburg**) Q: BH I 38.

Xeres de la Frontera siehe Jerez de la Frontera.

Ypern (**Hipra**) S: Valegio. Q: BH II 22.

Zara (**Zarra**) Q: Nicht BH, nicht Bertelli.

Zug (**Tugium**) Q: BH I 33. Linkes Wappen nach BH, rechtes Wappen hinzugefügt.

Zürich (**Tigurum**) Q: BH I 33.

Zutphen Q: BH IV 16. Staffage seitenverkehrt.

Zwolle (**Swol**) S: Valegio. Q: BH III 35. Wappen seitlich vertauscht. Wappentier seitenverkehrt.

CONCOR DIA   IVSTITIA   PAX

RACCOLTA
DI LE PIV ILLVSTRI ET
FAMOSE CITTA
DI TVTTO IL MONDO

OBEDIENTIA   COMMVNITAS

SECVRITAS   OPVLENTIA

ADEN, IN ARABIA

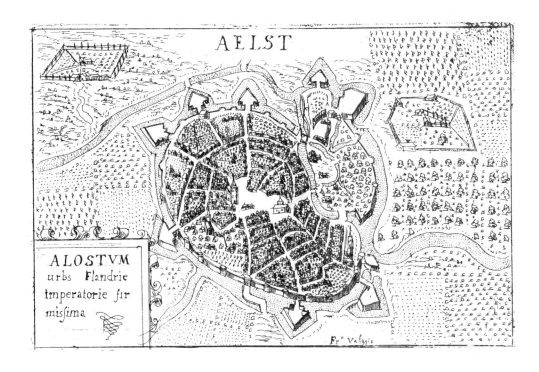

AELST

ALOSTVM
urbs Flandrie
imperatorie fir
missima

Frⁱ Valegio

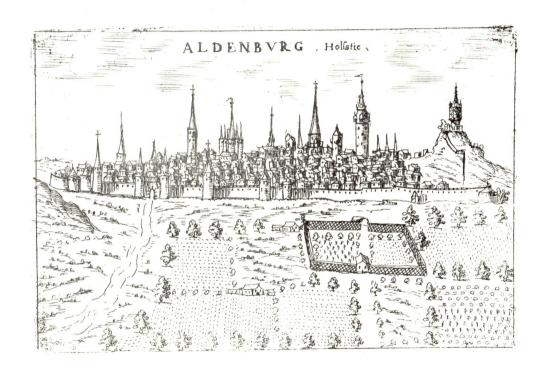

ALDENBVRG , Holſatie ,

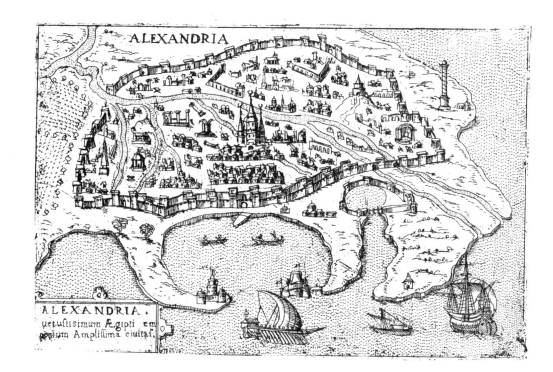

ALEXANDRIA

ALEXANDRIA.
uetustisimum Ægipti em
porium Amplissima ciuitas.

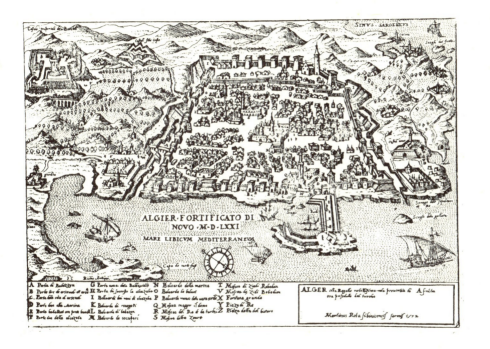

ALGIER·FORTIFICATO DI
NOVO·M·D·LXXI
MARE LIBICVM MEDITERRANEVM

Sinvs Sargeteys

A Porta di Bubel azon
B Porta bو di arsenal di mar
C Porta فته eda al arsenal
D Porta boa مة marina
E Porta bubel azon prob bouch
F Porta boa dela alcazaba

G Porta nova deta Babbaebilis
H Porta di scorpio la alcazaba
I Baluardo boa vom di alcazaba
K Baluardo di recepti
L Baluardo di baiezan
M Baluardo le cocobari

N Baluardo dela marina
O Baluardo di baluet
P Baluardo novo deb vero oro
Q Mosea magor il dome
R Mosea del Ro è la turchi
S Mosea bito Xaura

T Mosea di Ziade Rebedim
V Mosea di Zeli Bebedim
X Fontana granda
Y Piaza li Re
Z Piaza deta del bestur

ALGER ota Regala ueb Efrica nela prouintia di Afrilea
ora poseduta dal turcho

Martinus Rota sebenicensis formis 1572

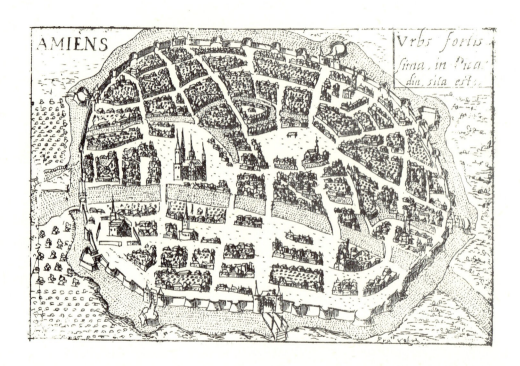

AMIENS

Vrbs fortissina, in Picadin, sita est

AMORFORTIA

AMORFORTIA
dioecesis ultraiectensis oppidum amenitate loci solique fertilitate admodum insigne

fra Valo

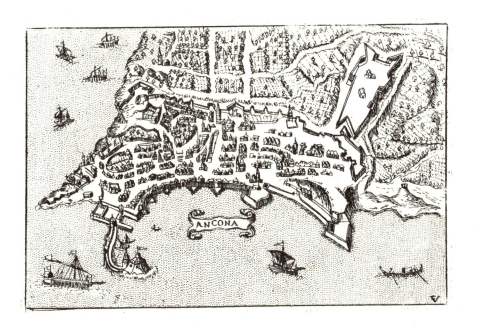

ANCONA

ANFA

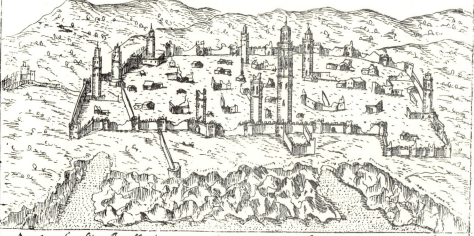

Anfa ab alijs Anaffa, in regno fesse ciuitas, a Romanis in oceani littore extructa; cum omnibus ciuitatibus Aphricae, soli fertilitate certare volens nunc fere corruit;

ANTEQVERA

ANTIQVERA
Hifpanie in regno gra
nanatensi oppidum olim
olim Maurorum Regia.
Fra.co Vallesio

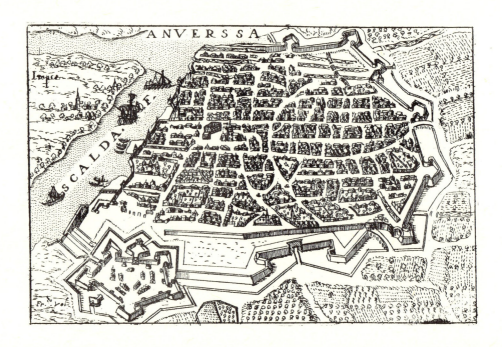

·APPENCELLA·

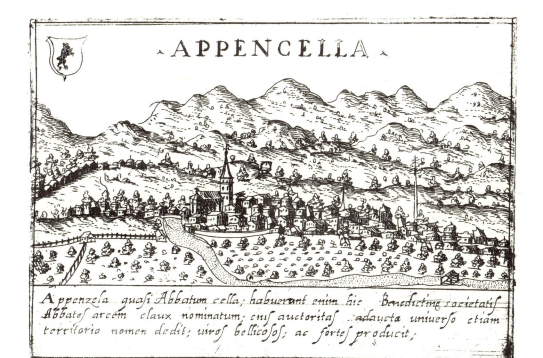

Appenzela quaſi Abbatum cella; habuerant enim hic Benedictinæ ſocietatis
Abbates arcem claux nominatum; cuiſ auctoritas adaucta uniuerſo etiam
territorio nomen dedit; uiroſ bellicoſoſ, ac forteſ producit;

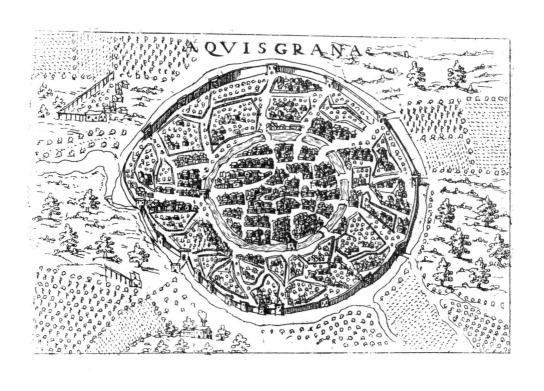

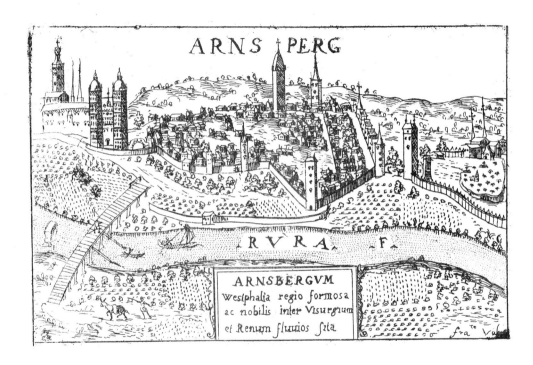

ARNS PERG

RVRA · F

ARNSBERGVM
Westphalia regio formosa
ac nobilis inter Visurgium
et Renum fluuios sita

ARRAS

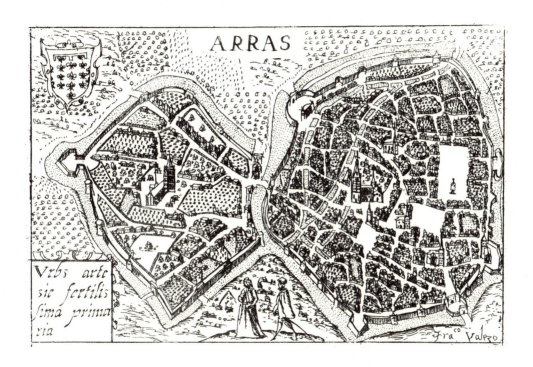

Vrbs arte
sic fertilis
sima prima
ria

Fra.co Valezo

ARZILLA

Arzilla spatiosa ciuitas ad oceani littus ædificata a' freto herculeo
distat 70 plus minus nullib. passuu a' fessa circiter 140: ager et fragibus
serendis et ounis generis leguminibus producendis percomodus distatq dece mila'montibus.

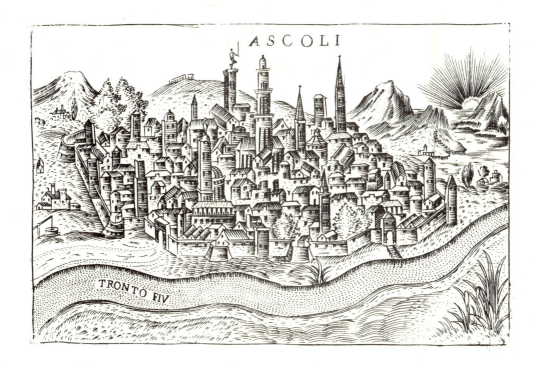

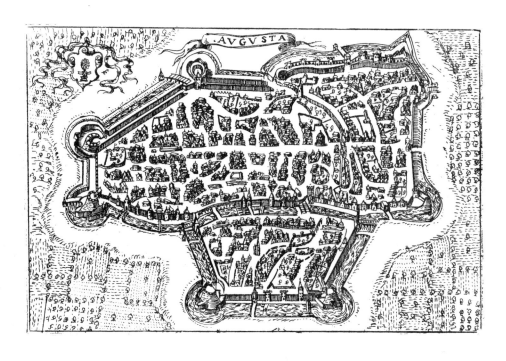

AVIGNON

AVIGNON
rodani ripam insi
gne totius Gallie
flumen in prouin
cia sitta

AVRELIA Francie
ciutaſ ad ligerũ flu: ſtta

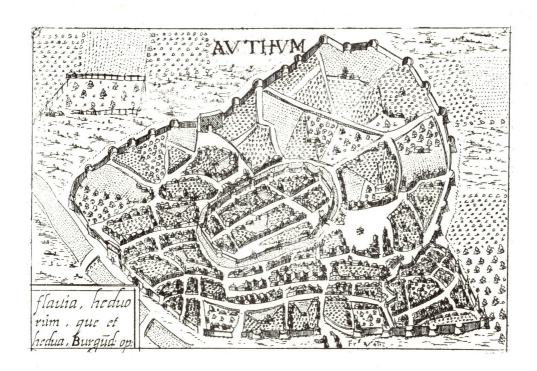

AVTHVM

flauia, heduo
rum, que et
hedua, Burgūd op:

AZAMVRVM

Azzamur, in Aphrica in regno marochi opidum amplissimum, ac ducale,
extructum ad littus occani, ubi perpetuo Lusitani mercatores habitat,
affluctia pisciu incredibilis ubi roldt ppetuo prouctu mercatoriis incredibiletu

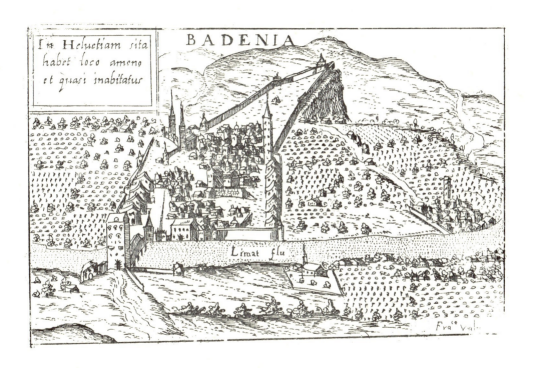

BADENIA

In Heluetiam sita
habet loco ameno
et quasi inabitatus

Limat flu

Fra.co val.

BARCELONA

BASILEA

Rhenus Flu

BELITRI

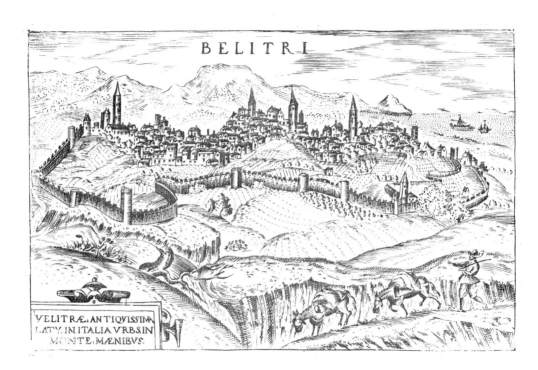

VELITRÆ, ANTIQVISSIMA
LATY, IN ITALIA VRBS IN
MONTE, MÆNIBVS.

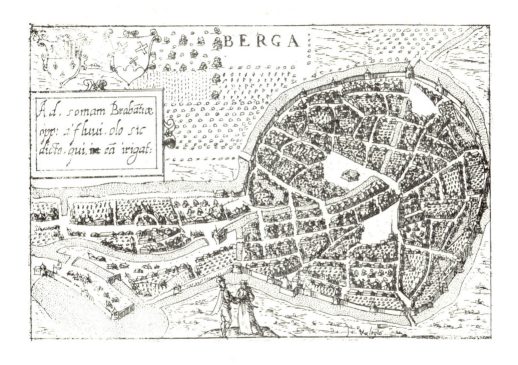

BERGA

Ad somam Brabatiæ
oppi. a fluui. olo sic
dicto. qui ea irigat.

BERGAMO

In Lombardia
fertilissima

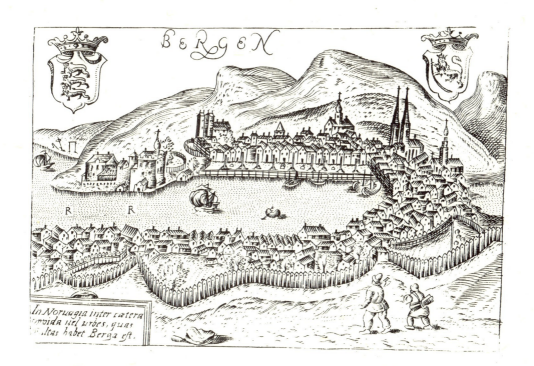

BeRGeN

In Noruagia inter cætera
oppida vel urbes, quas
...ltas habet Berga est.

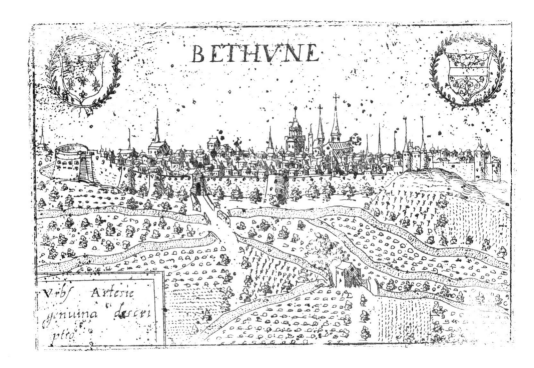

BETHVNE

Vrbs Artesie
genuina descri
ptio

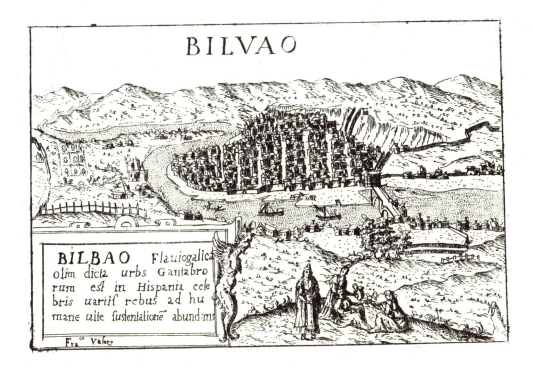

BILVAO

BILBAO *Flauiogalica*
olim dicta urbs Gantabro-
rum est in Hispania cele-
bris uariis rebus ad hu-
mane uite sustentatione abundans

Fra.co Valeco

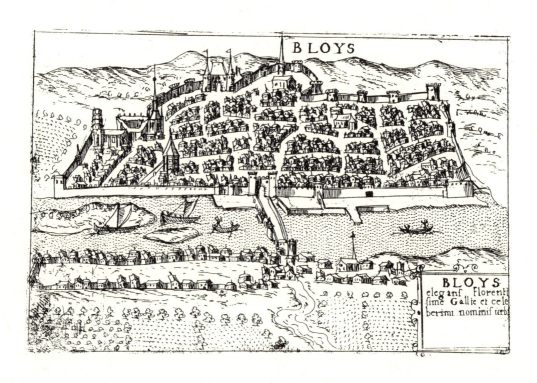

BLOYS

BLOYS
elegans florenti
sime Gallie et cele
berrimi nominis urb.

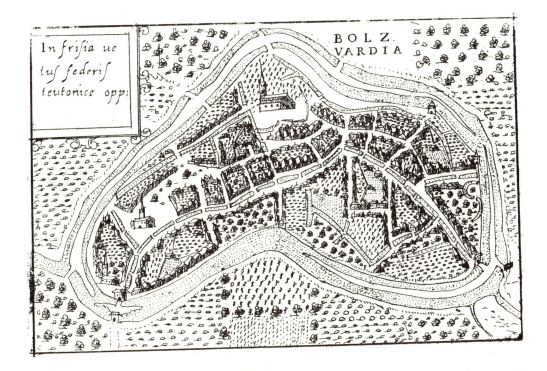

In frisia ve
tus federis
teutonice opp:

BOLZ.
VARDIA

BONONIA

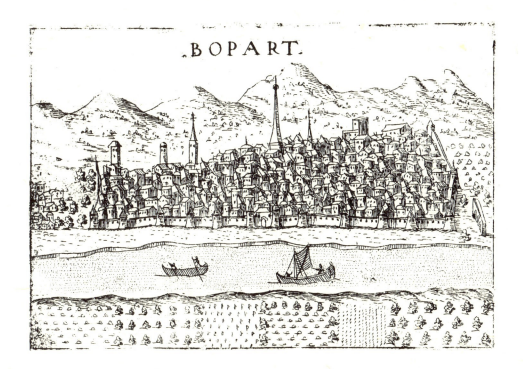

BOPART.

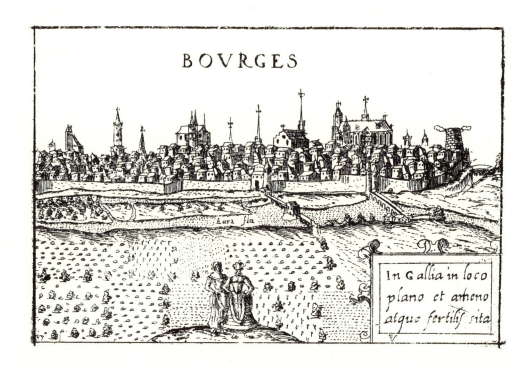

BOVRGES

Eura fla.

In Gallia in loco
plano et arheno
atque fertili√ sita

BREMA.

Brema Vespaliæ urbs elegans phrisiæ Orientali uicinæ ad Visurgum fluuium posita, ex quo admirandæ altitudinis rota aquam ad incolarum
necessitates in hanc urbem p canales subteraneos transfundit, ligneumq habet
pontem, cui molæ frumento frangendo destinatæ hærent,

BRESCIA.

Fra͞to Valezo

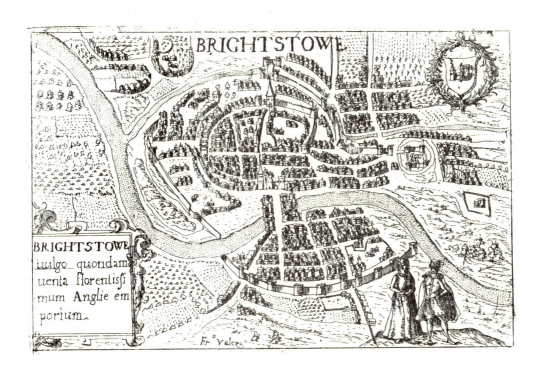

BRIGHTSTOWE

BRIGHTSTOWE
iuulgo quondam
uenta florentiss̃i
mum Anglie em
porium.

Fr° Valeç

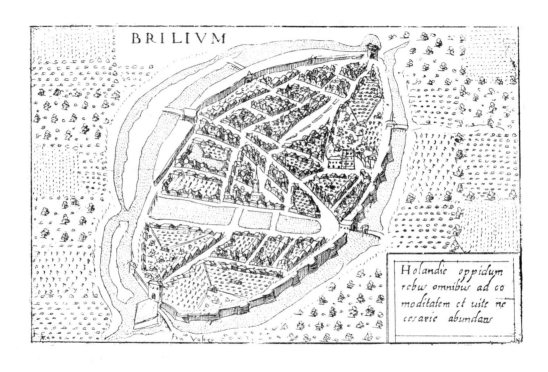

BRILIVM

Frā° Vakeo

Holandie oppidum
rebus omnibus ad co
moditatem et uite ne
cesarie abundans

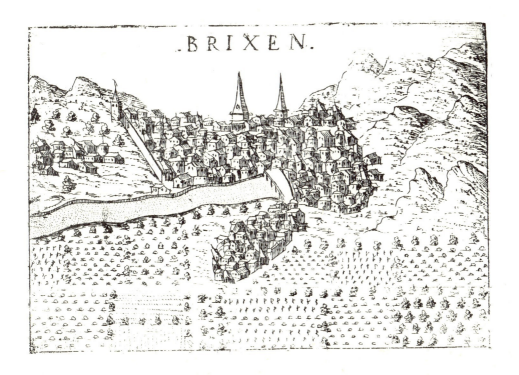

.BRIXEN.

.BROVERSABIA.

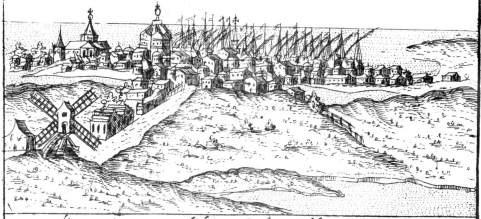

Brouersabia maritima opp: Zelādie in Insula scaldianitide et eleganter fa;
bricatum; excitatos nauelenos supeditans, et piscatores, unde ministrant ingentem
copiam piscium uariis mundi partibus:

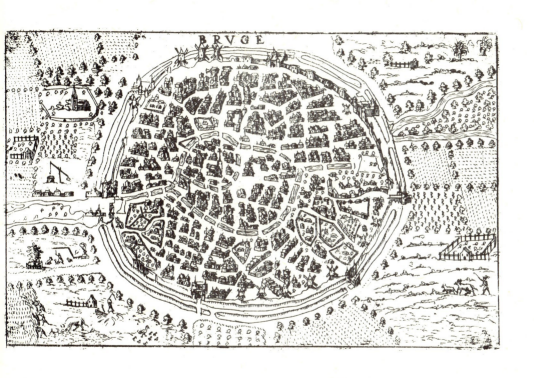

BRVNSVICVM

Brunopolis uulgo Bru
suicum, Vrbs maxima,
uniuersæ Saxoniæ me
tropolis

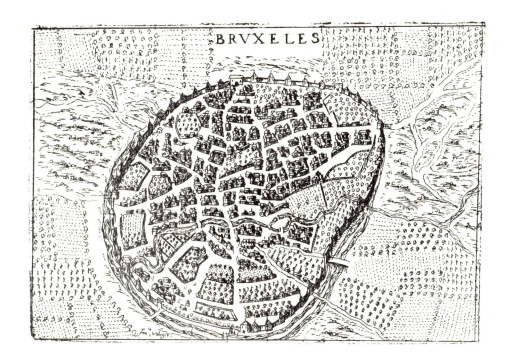

BVDA

DANVB·FIV·

BVDA uulgo Ofen,
prima et regia Vnga=
rici regni ciuitas, ad
Danubium sita

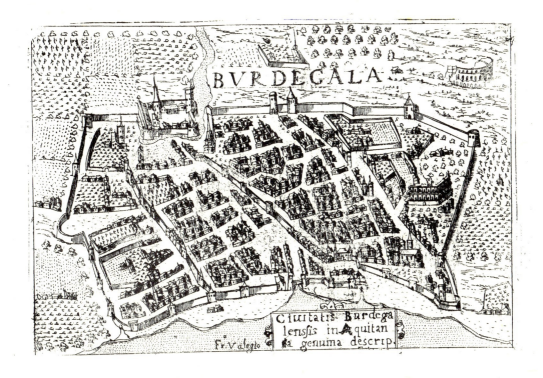

BVRDEGALA.

Fr. Valegio

Ciuitatis Burdega
lensis in Aquitan
ia genuina descrip.

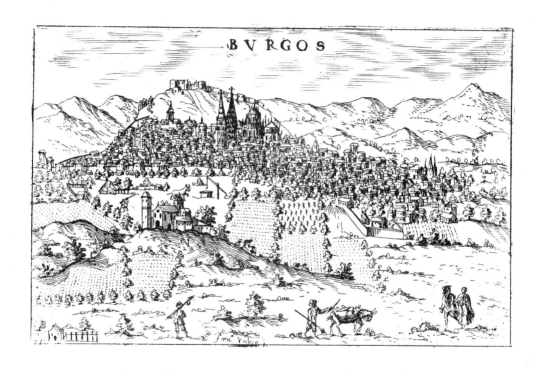

BVRGOS

fra Valio

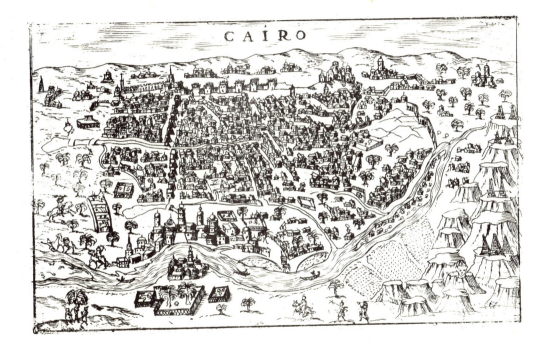

CAIRO

CALCARIA

In ducatu cliuensis
multis dotibus nobile
opp

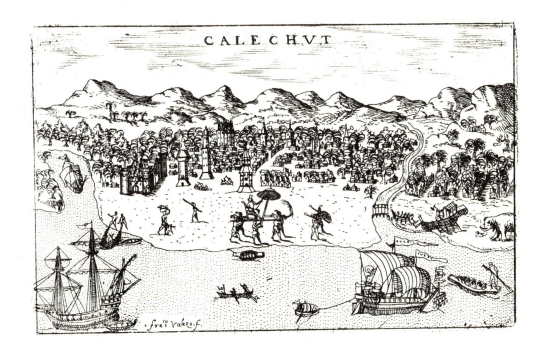

CALECHVT

fret Valero f.

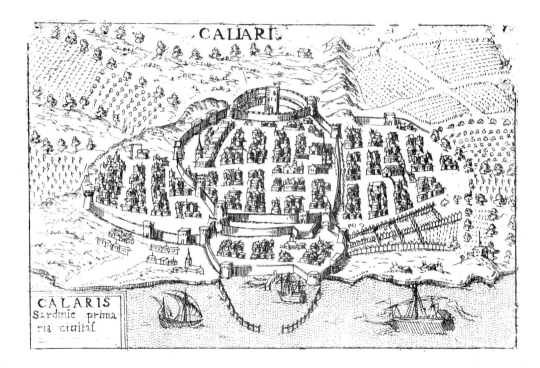

CALIARI.

CALARIS
Sardinie prima
ria ciuitaſ.

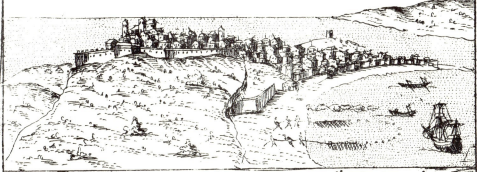

·CALIZ·

Caliz olim Gades, insula ac ciuitas eiusdem nominis, utx 700 pedibus a' continente distans,
ampla ac prisca, partim mercature comodis partim salinis souctur, maximoq porta nariaq
regionum nauibus stationem prebet, et eam excellentes turres in quaq fastigio ignis accen-
sus Hispanis denonciat Barbaz obuentum memoratam faciunt.

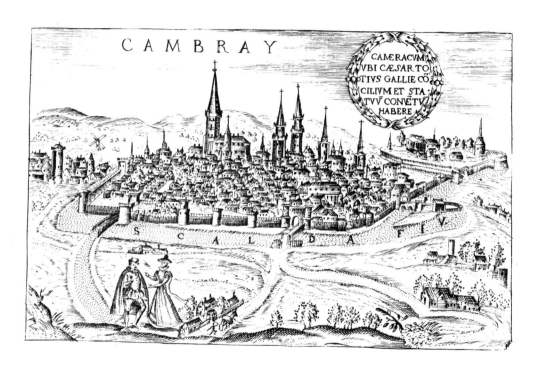

CAMBRAY

CAMERACVM
VBI CÆSAR TO
TIVS GALLIE CÕ
CILIVM ET STA
TVV CONÊTV
HABERE

SCALDA FIV

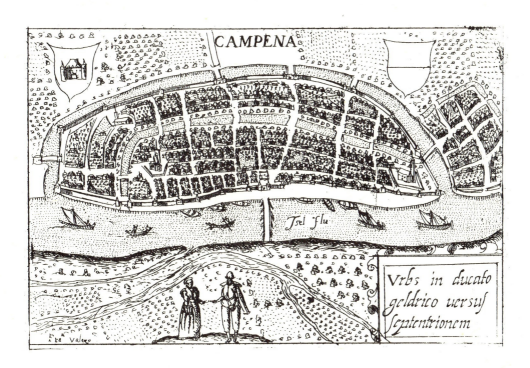

CAMPENA

Tsel flu

Vrbs in ducato geldrico uersus septentrionem

CANDIA

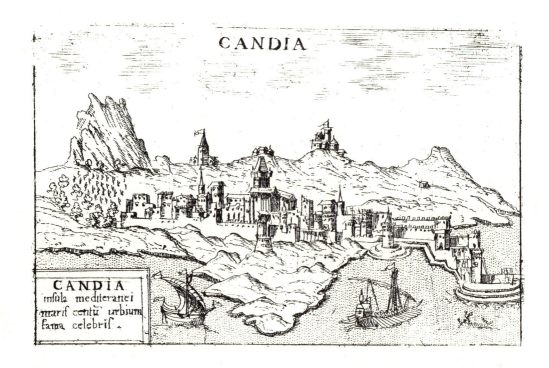

CANDIA
insula mediteranei
maris centũ urbium
fama celebris.

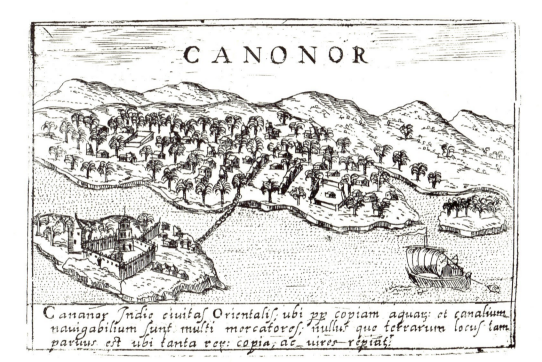

CANONOR

Cananor Indie ciuitas Orientalis, ubi pp copiam aquaꝝ et canalium
nauigabilium sunt multi mercatores, nullus quo terrarum locus tam
partius est ubi tanta reꝝ copia, ac uires repias.

CANTEBRIGIA

Opulentissimi
regni Anglie
celebri.

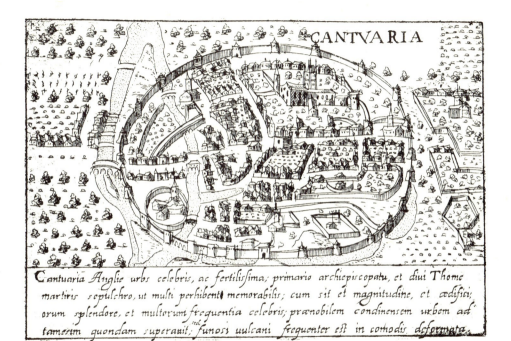

CANTVARIA

Cantuaria Anglie urbs celebris, ac fertilissima; primario archiepiscopatu, et diui Thome
martiris sepulchro, ut multi perhibent, memorabilis; cum sit et magnitudine, et ædificiorum splendore, et multorum frequentia celebris; prænobilem condinensem urbem ad
tamesim quondam superauit; funosi uulcani frequenter est in comodis deformata.

⹂CASCALE⹂

Cascale iuxta hostium fluminis Tagi Opp: ab Olisipone Agilonem uersus: ubi naues auram opperiuntur ut dent Velauentis, et habet anfractuosum portum: et uadorum: a quo in latere fluminis pax distat Betlilem oppidulum:

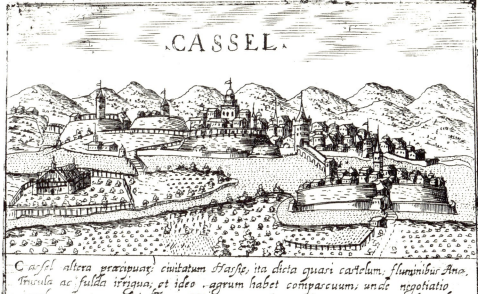

.CASSEL.

Cassel altera præcipuaꝛ ciuitatum Hassiæ, ita dicta quasi castelum, fluminibus Ana,
Trisula ac fulda irrigua, et ideo agrum habet compascuum, unde negotiatio
incolarum in uenditione consistit, quam Antuerpia asportant et Londinum.

CASTEAVDVM

Castraudunum, comitatus
uuffo, in Gallia opp:

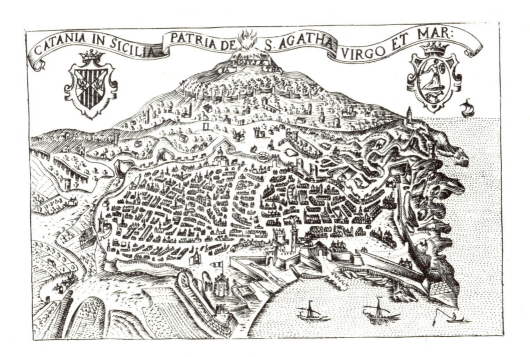

CATANIA IN SICILIA PATRIA DE S. AGATHA VIRGO ET MAR:

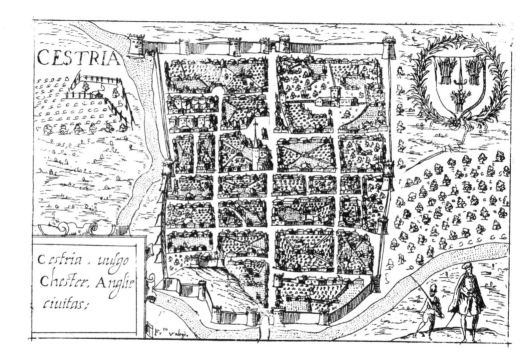

CESTRIA

Cestria. uulgo
Chester, Anglie
ciuitas:

Fr.co Valegi.

CHALON

Saone

In Burgundia
oppidum et om
ni fertilitate
celebre

CHARTRES

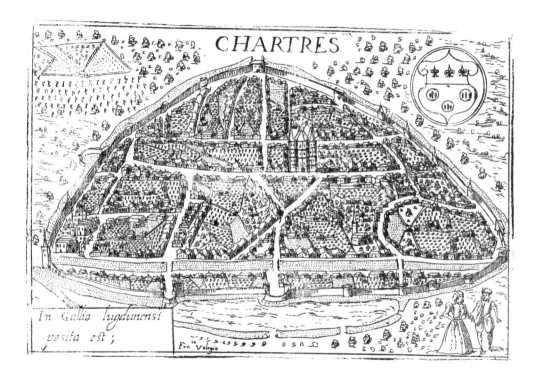

In Gallia lugdunensi posita est;

Fra Valegio

CHIETTI
CITTA REGGIA

CHILONIVM.

Vulgo Ryel, lautum atque uetustum. Holsatie. opidum.

CHIOS.

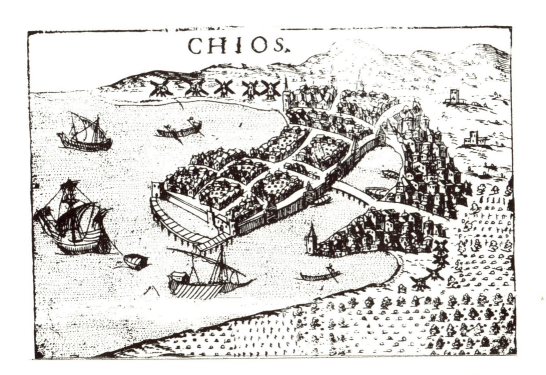

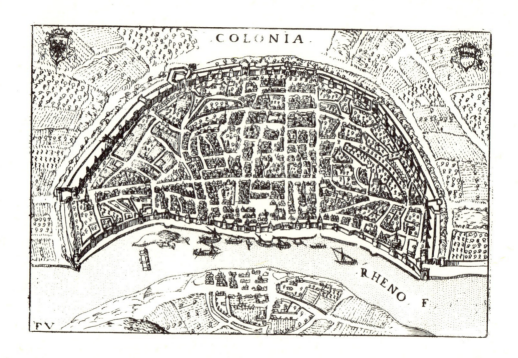

COLONIA.

RHENO F.

FV

CONFLVENTIA

Confluentia *coepi a confluendo dictum, inter maguntiam et coloniam, hic mosella ex nugero montis oriens Rheno committur, palatinum principis habet amplum, utraq mosel-le ripa Rhenj sacris pontis coniungitur et in dextero Rheni latere, in culmine montis castra erere Rhenanj, et in radice moltsvia pagus est, et Rue accidi saporis;*

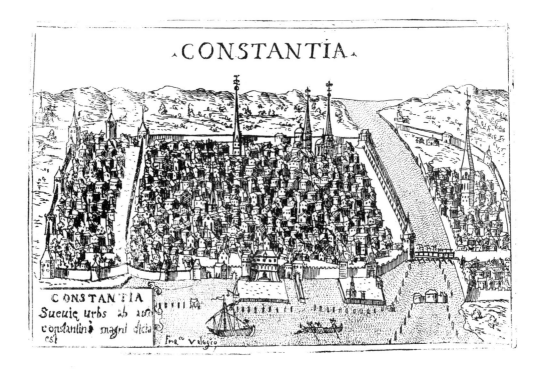

CONSTANTIA

CONSTANTIA
Sueuiæ urbs ab
constantino magni dicta
est

Fran. Valegio

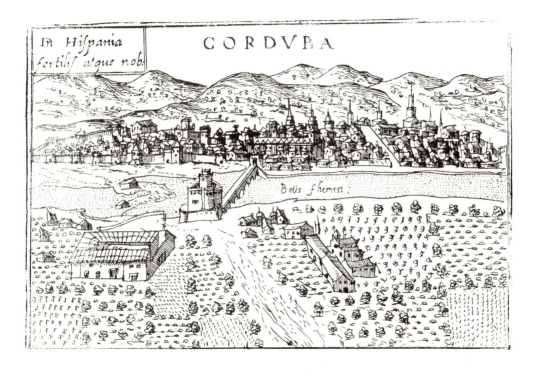

In Hispania fertiliss. atque nob.

CORDVBA

Betis flumen

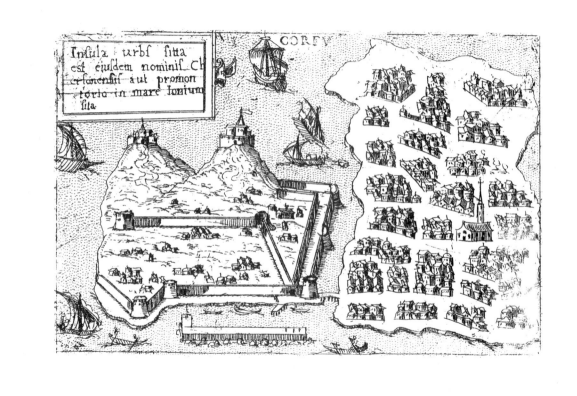

CORFV

Insula urbs sita est eiusdem nominis Chersonensis aut promontorio in mare Ionium sita

.CORONEBVRGVM.

fr° Valega

Zelandiam regia
et prest.ᵐᵃ Danie
insula inexpu:ˡᵘ

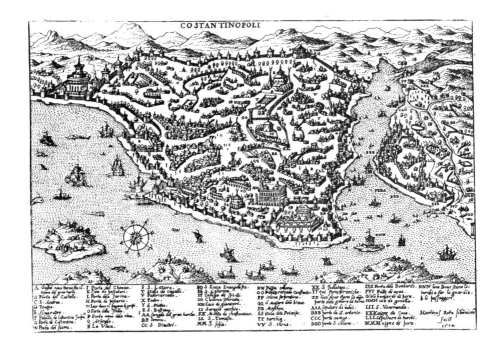

COSTANTINOPOLI

CREMONA

Cremonae ambitus qui nunc
moenibus septus est cubitos
undicim M. Ducentos quiqua-
ginta complectitur.

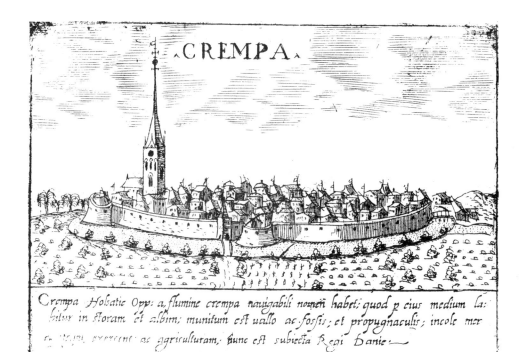

CREMPA

Crempa Holsatie Opp: a flumine crempa nauigabili nomen habet; quod p̄ eius medium la-
bitur in floram et albim; munitum est uallo ac fossis; et propugnaculis; incole mer
ca Regni exercent ac agriculturam; nunc est subiecta Regi Danie.

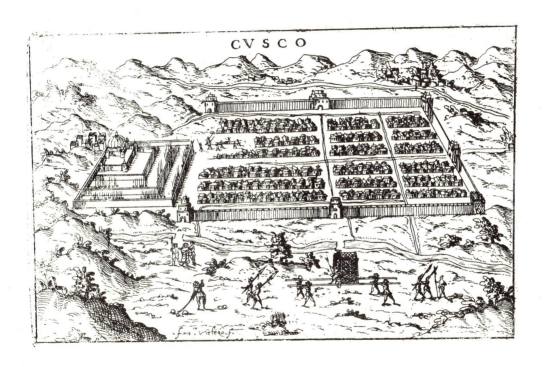

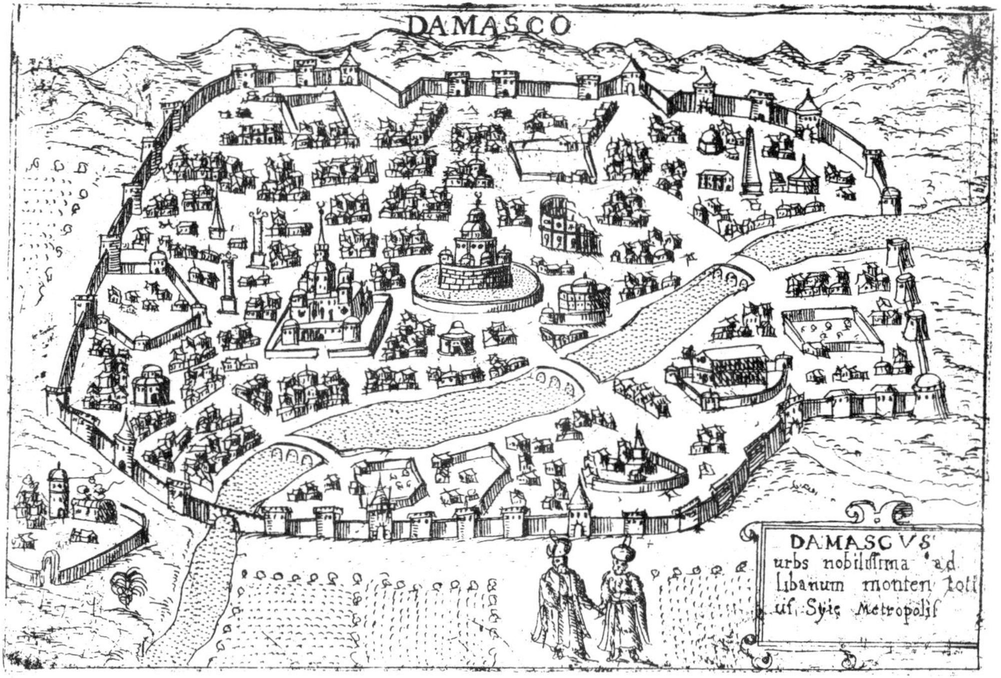

DAMASCO

DAMASCVS
urbs nobilissima 'ad
libanum monten toti
us Syrię Metropolis

DANZICHÆ

GEDANVM, KRATIO, IN SVA WAN-
DALIA GDANVM, VVLGO, SED
CORRVPTE, DANTISCVM,
OPVLENTISS. PRVSSIÆ VRBS

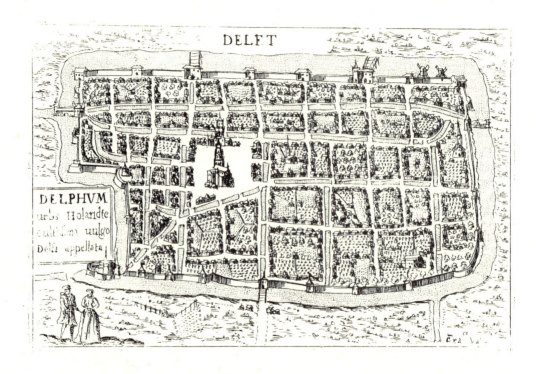

DELFT

DELPHVM
urbs Holandie
... uulgo
Delfi appellata

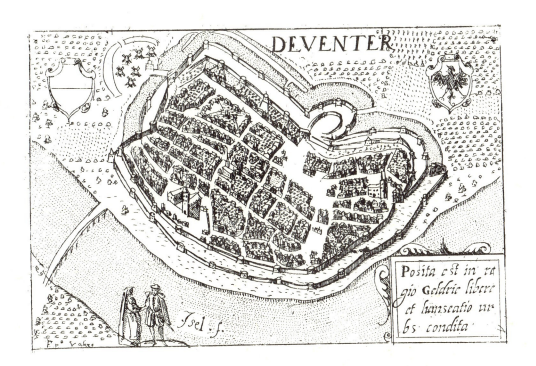

DEVENTER

Isel. f.

Posita est in regio Geldrie libere et hanseatio urbs condita

DIV

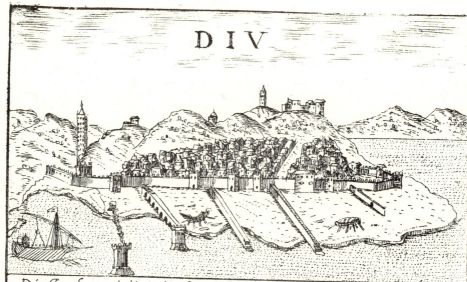

Diu Insula, ac ciuitas eiusdem nominis, in mari cambaicæ sola conside:
ratione digna; uix à continente seiuncta; ad quod ab ea sit transitus
auxilia pontis lapidei minifice extructi.

DOCCVM

Est in Oestergôsi
ditione fertilis est
et copiosa omnia

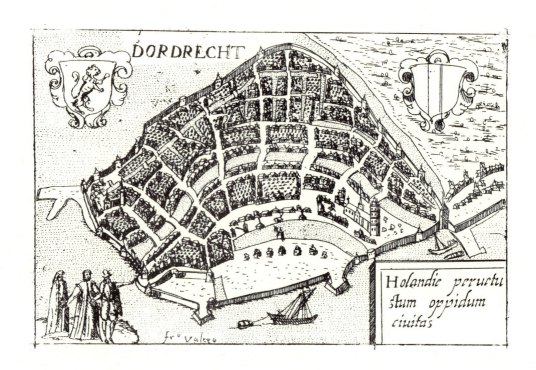

DORDRECHT

fr° Valero

Holandie peruetu
stum oppidum
ciuitas

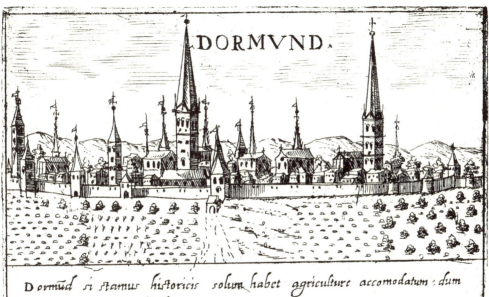

DORMVND.

Dormūd si stamus historicis solum habet agriculturæ accomodatum: dum
substat comitibus de Lippia:

DOVAY

Duacum, cataucorum
urbs, literarū studiis,
elegantissime ornata.

DRES DEN

Dresa florentiss: misniæ
opp: Illust: Saxoniæ ducu
sedes.

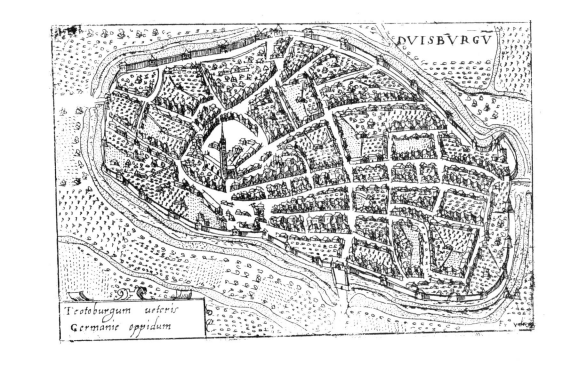

DVISBVRGV

Teotoburgum ueteris
Germanie oppidum

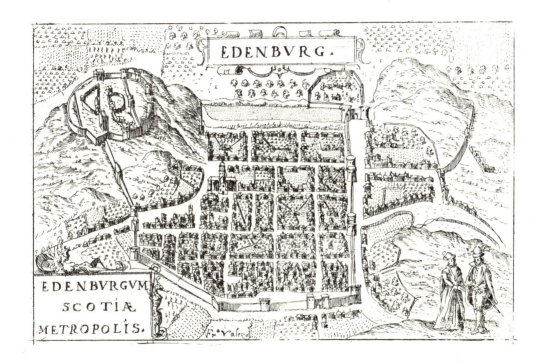

EDENBVRG.

EDENBVRGVM
SCOTIÆ
METROPOLIS.

Fr° Valeo

EGRA.

Egra nobili ciuitas Boemię; a'flumineeiusdē nominis; quem habet ex monte
pinifero orto; et nauigabili ita dicitur; arcem habet insignem a' meridie;
et templum S Nicolai; cum duobus altis ac soli obuersis turribus.

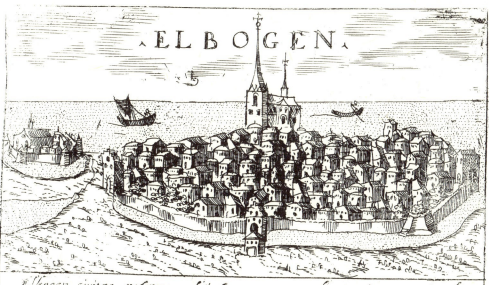

⸳ELBOGEN⸳

Elbogen ciuitas referens cubiti formam, metropolis Scaniæ est a Lundia
iux distans duobus milliaribus uersus meridiem; a' corona quatuor, et
est ad hanc ciuitatem maris flexus; quidam, deinde est læc insignis
et disirios magnificentia nusq in Scania splendidior alia.

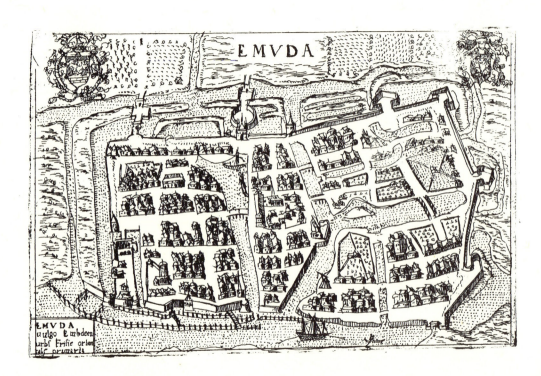

EMVDA

EMVDA,
uulgo Embden
urbs Frisiæ orien-
talis primaria.

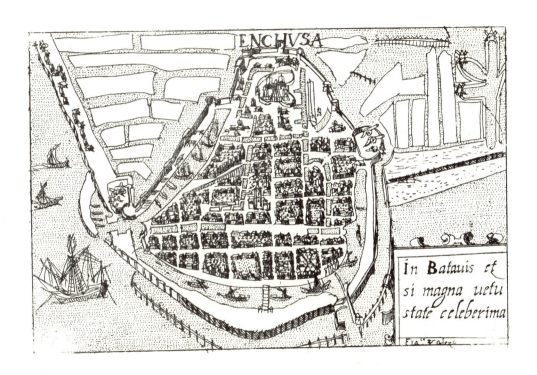

ENCHVSA

In Batauis et
si magna uetu
state celeberima

Fra Valeg

ERPFFVRDT

Erdfordia, magnifica atq̃ celeberrima Thuringorum Vrbs.

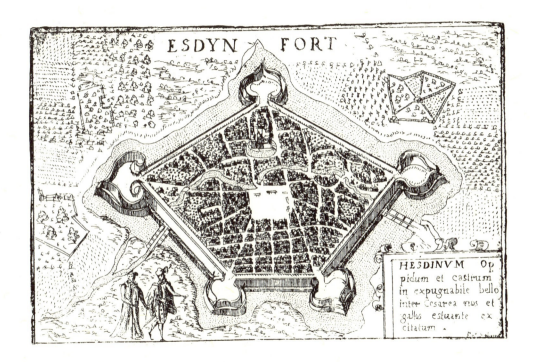

ESDYN FORT

HESDINVM Op
pidum et castrum
in expugnabile bello
inter Cesarea nos et
gallos estuante ex
citatum.

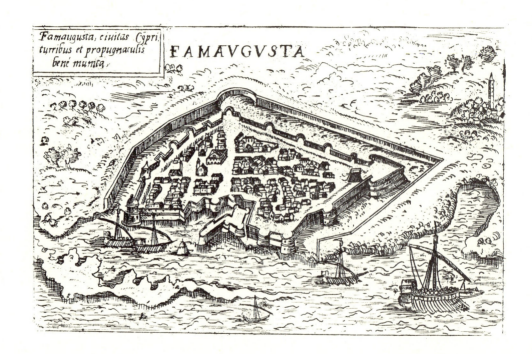

Famaugusta, ciuitas Cypri turribus et propugnaculis bene munita.

FAMAVGVSTA

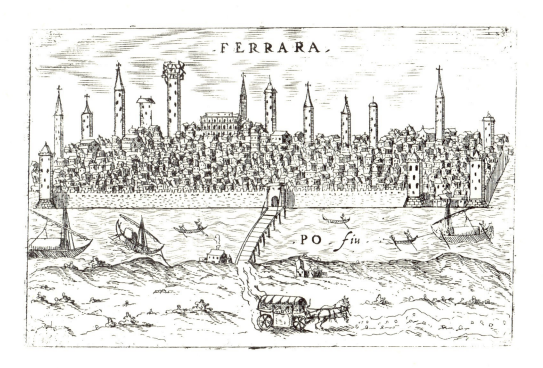

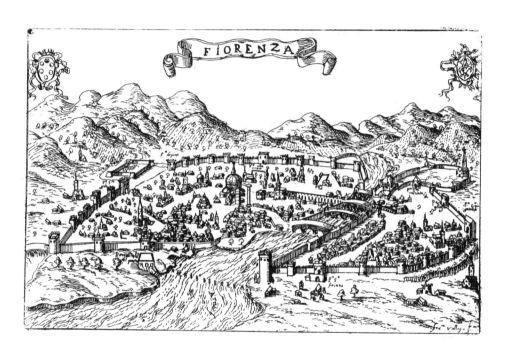

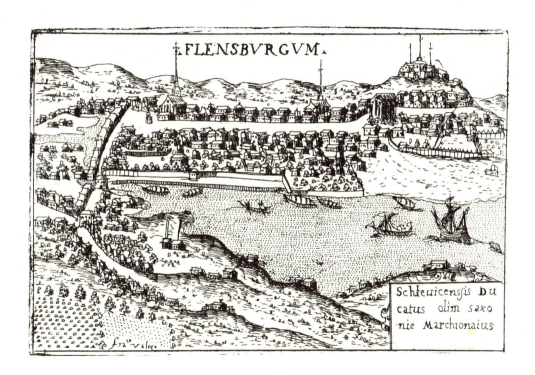

✛ FLENSBVRGVM ✛

Schleuicensfis Du
catus olim saxo
nie Marchionatus

fra Valeg

FRANCFORDIA.

Francfordia emporium cum gymnasio in Marchia Brandeburgēsi, ab eius ortu interlabitur Odera fluuius, ab occasu uero meridie et borea, sunt uineta innumera: collectaq uina in Pomeraniam, Daniam, Borusiam, distrahuntur.

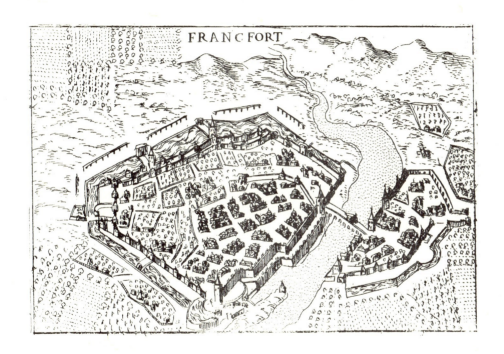

FRANCFORT

FRIBERGVM

FRIBERGVM
nobile ac opibus ob
fodinarium metalica
rum prestantiam
atque in Boemia sita

Pr. Valegio

FRIBVRGH

Friburgum ciuitas eluetie parti monti precipitibus petris sufulto imponitur,
partim in ualle iacet; accliuis montibus conclusa; gaudet amne
circumfluente mediocris magnitudinis; pretorium eius situm est in
precipitio rupe;

FRISINGA.

Frisinga civitas episcopalis Bauariæ condita putatur quãdo romani, eam Bauariæ regionem gubernabant, que ,a' danubii ripa transcurit ad alpes; habet
locus iste amoenam in colle situm; sed ager et asper; preterfluit Alu-
aus amnis, qui non procul meso miscetur.

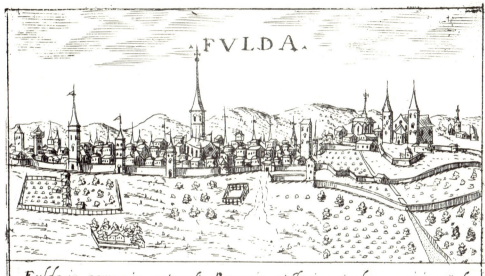

FVLDA.

Fulda in germania metropolis Bucconie, a flumine eiusdem nominis qŭod
uicinum pertransit ita nominata. mediocris foracitatis solum habet. eius prae:
cipuum docus est S. Saluatoris Basilica: quam celebeᵉ reddit memoria D. bonifa

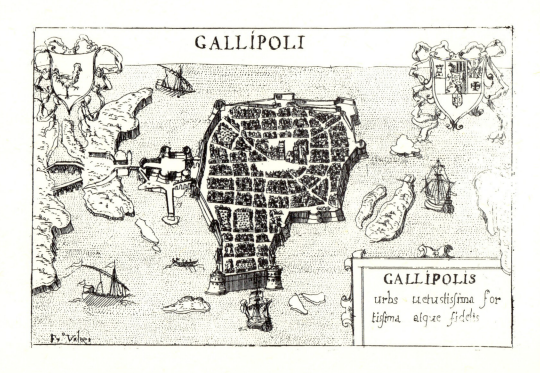

GALLIPOLI

GALLIPOLIS
urbs uetustissima for-
tissima atque fidelis

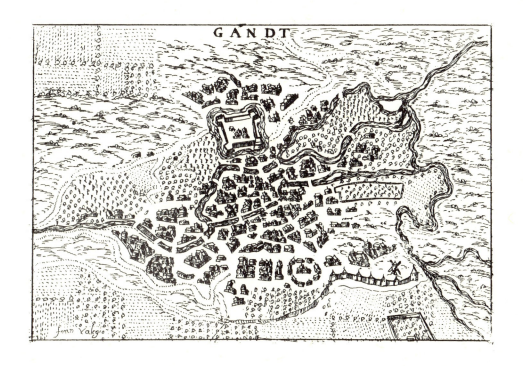

GANDT

GENOVA

franc.° ualegio f.

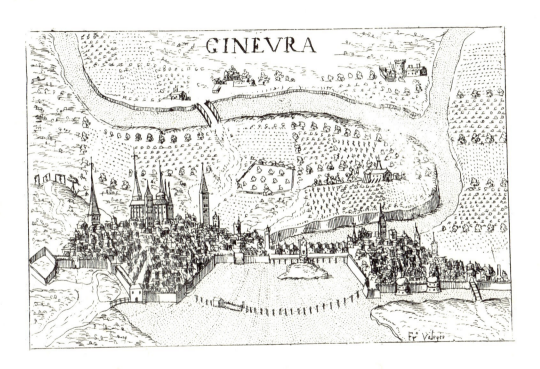

GINEVRA

Fr Valegio

ᴦ G L A R O N A ᴦ

Vallis ista atque regio, latine Glarona uulgo dicitur, eius regionis caput glarona, al-
tißimis montibus cingitur uranorum montana, ab occasu autem suicerorum montes attingit, uiunt incolæ, lacte, caseo, butiro, et carnibus, pisces, lacus aues,
et carnes, ferinas, siluosi montes subministrant.

GOA

Goa que archiepiscopalis urbs Indiæ anno salutis in christianorum potestatē deuenit
1509 in medio insulæ eiusdem nominis iuxta continent celebre Orientis emporium situm
obtinet: nec ita anhelis ardoribus torridatur sicuti contermine insulæ ac ciuitates: ibi in-
finitus eſt mercatorem numerus: ex omni parte merces uehentium:

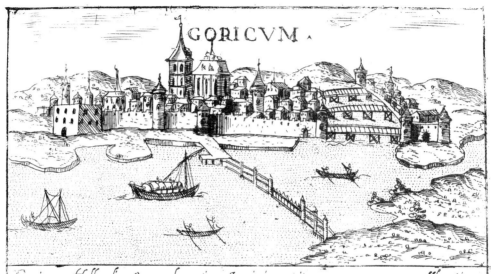

GORICVM.

Goricum Hollandiæ Opp; eleganti castro insigne, situ amoeno et rerum affluentia
nomen meretur; Vuahalim fluuium preterlabentem habet; hinc ex altiss: turri duæ
suprauiginti urbes uideri possunt; incolarum negotio in butyro lacte caseo
consistit; quæ omnia exportant ad alia loca;

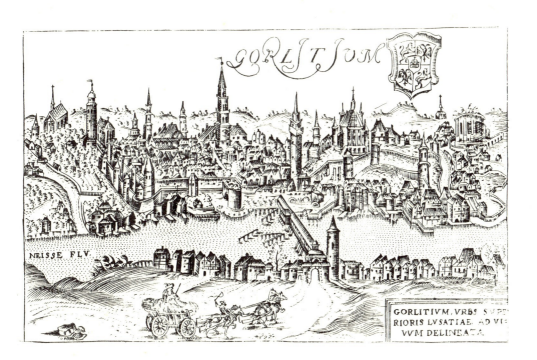

GORLITIVM

NEISSE FLV.

GORLITIVM, VRBS SVPE
RIORIS LVSATIAE, AD VI
VVM DELINEATA.

GOTHA

Gotha in *saßonia* percelebre ..murorum ambitu propugnaculiß, for-
miß planiß.et arce omnium firmissimu *Thuringiæ* opo: eiuß castru. quia
à *sacro romano* imperio proscriptiß.latibulo fuit. funditu euertum.

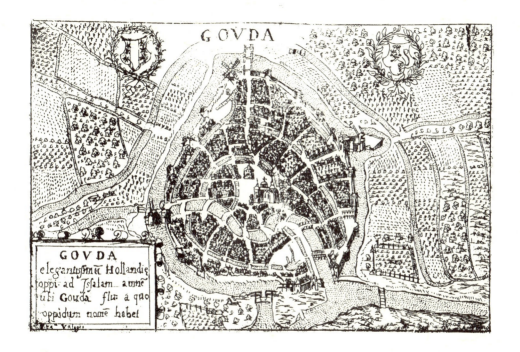

GOVDA

GOVDA
elegantiſſimũ Hollandiẹ
oppi: ad Iſſalam amnẽ
ubi Gouda flu: à quo
oppidum nomẽ habet

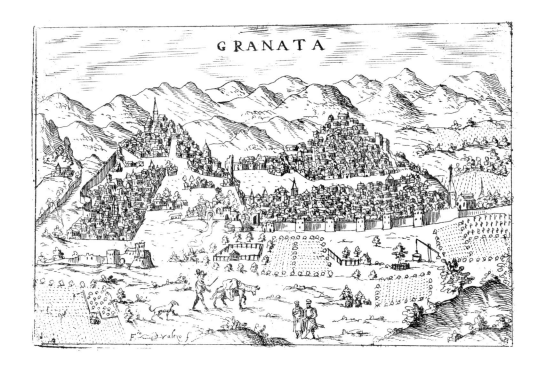

GRANATA

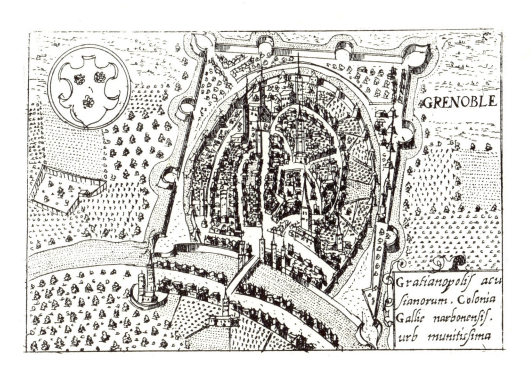

GRENOBLE

Gratianopolis acu
sianorum. Colonia
Gallie narbonensis.
urb munitissima

GRODNO

NIEME FIV

VERA DESIGNATIO
VRBIS IN LITTA-
VIA GRODNAE.

GRONINGA

GRONINGA
opulenta populosa
et ualide contra ho
stiles insultus munita
Christie urbs

HADERSLEBIA

Haderslebia Opp: ducatus sleuicensis; quod consecutum est ciuica priuilegia anno domini 1292, et arce regia est munitum; cum tutissimo portu; quem fertiles in uicinia agri condecorant —

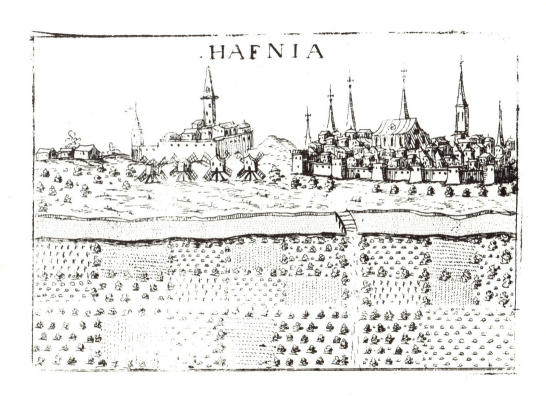

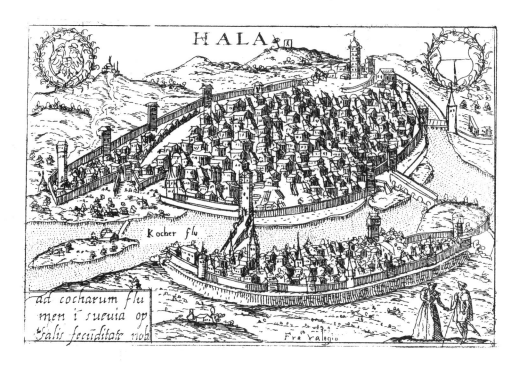

HALA

Kocher flu.

ad cocharum flu
men i sueuia op
Salis fecuditate nob

Fra valegio

HAMBVRGVM
cimbrica extime
germanie pars uer
sus septentrionem
iunam

HAMBVRGVM

ELSTer

ALBIS FLV

Fra Val

HARLEMVM

Vrbs hodie
famosa con
dita a quo
illustri uiro
condita

HARLINGA

In Frisia ad fauces
australis maris sita

HEIDELBERG ciuitas Metropolis, iux
Neccorum posita.

Neccrus Flu.

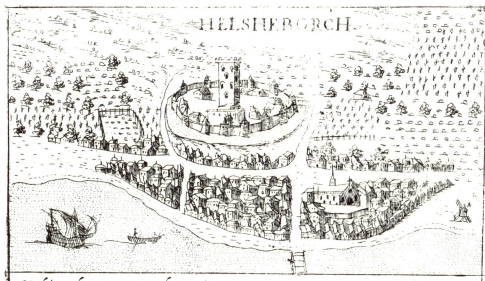

HELSHEBORCH.

Helsingoburgum Scaniæ danicæ ciuitas est maritima, arce insignis, sita est in ipsis pene faucibus et ad fretum, per quod insinum codanum oceanus illæbitur, ubi traiectus est ex Scania in Selandiam insulam.

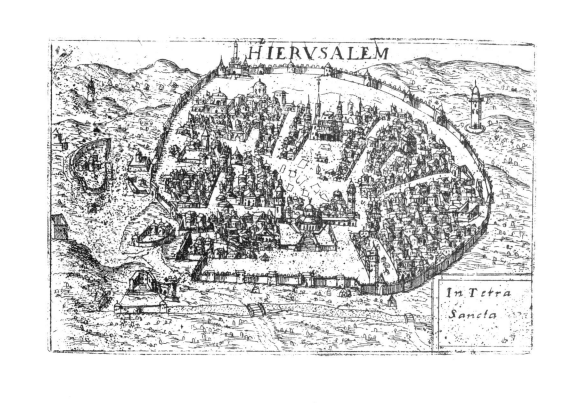

HIERVSALEM

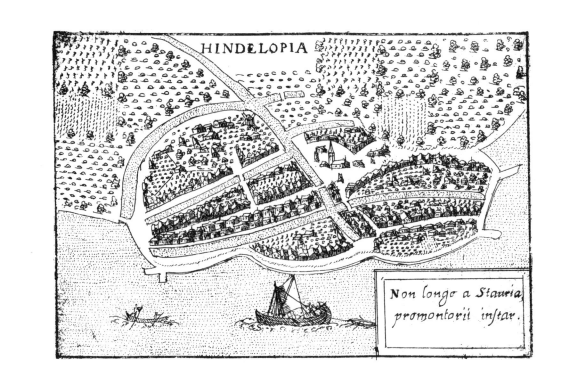

HINDELOPIA

Non longe a Stauria, promontorii instar.

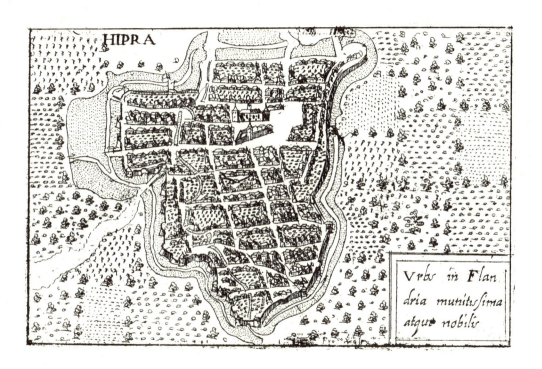

HIPRA

Vrbs in Flan
dria munitissima
atque nobilis

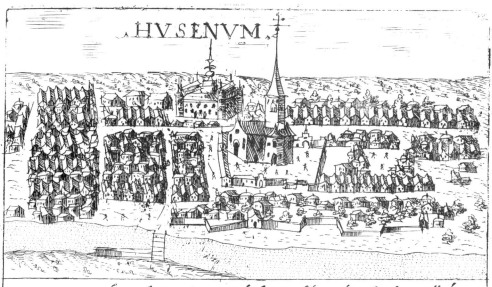

HVSENVM.

Husenum Opp: ducis sleuicensis portum habens celebrem, hinc facile in Ollädiam,
Selandiam, Scotiam, Angliam, nauigatur, cui uix cedit, licet cum non, sit, fos=
sa, ac uallo munitum, ciuitatis nomen nondum retineat:

·IENA·

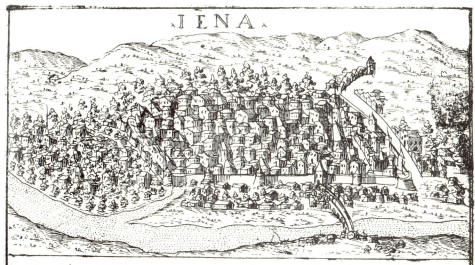

Iena Turingie urbs a Iano fortassis dicta; ima iacet ualle muribus et turribus firmis; ponte lapideo utranq salæ ripam coniungens circumcirca apricis montibus ac uinetis cincta scola gaudet et triuiali;

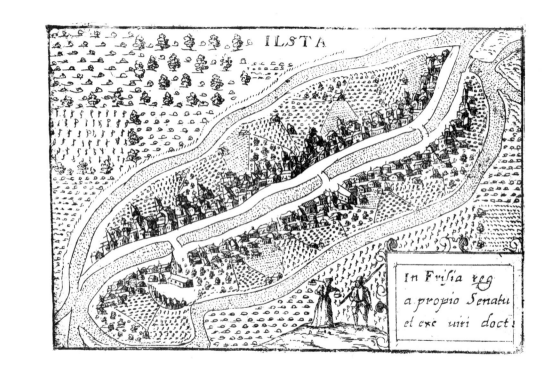

ILSTA

In Frisia reg
a propio Senatu
et exc uiri doct

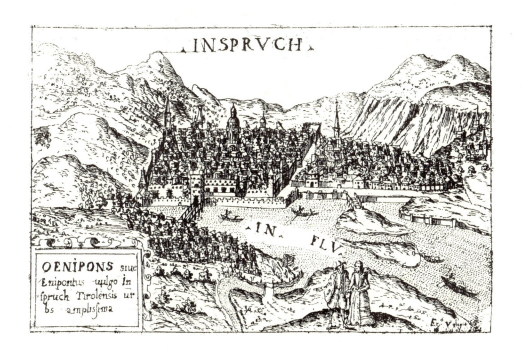

INSPRVCH

IN. FLV.

OENIPONS siue
Enipontus uulgo In
spruch Tirolensis ur
bs amplissima

E V.

ITZOHOA

ITZOHOA
florentissime
Holsatie oppr

KEMPTEN

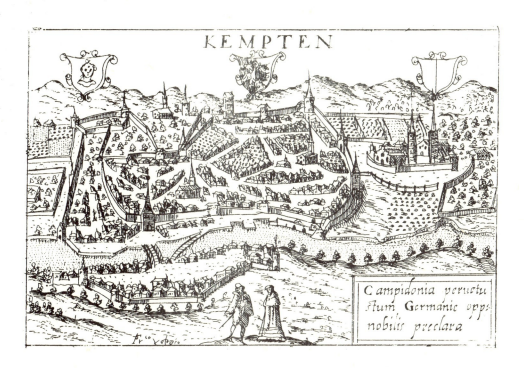

Campidonia peruetu
ftum Germanie opps
nobilis preclara

KOBLENTZ

Situs ciuitatis confluentiæ Germanis Koblentz ubi Mosella flu: Rheno miscetur

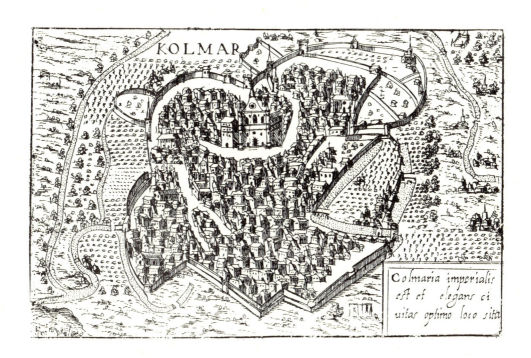

KOLMAR

Colmaria imperialis
est et elegans ci
uitas optimo loco sita

.LAGO.DE.COM.

.LANDESKRON.

Landescron i. prouincie corona: cum ibi prius fuisset pagus SAEBYE
SONDRE i. australis dictus, cuius appellationem adhuc in ciuitate pla-
tea quedam retinet, et distat ab Helsingoburgo plus minus milliaribus ger-
manicis duobus et dimidio versus austrum.

LAVBINGA

Reno flu

LAVRETVM

LAVRETVM, AGRI RECE=
NATEÑ IN ITALIA CELEBRE
OPP: A D. MARIÆ ATIQVISSI=
MA IBI SITA ÆDE ILLVSTRATV

LEIBZIGK

Lipsia litterarum studiis
et mercatura celebre mis-
niæ opp:

LEIDEN

Lugdunum bata
uorum concina edi
ficia pulcherrima

Frão Valego

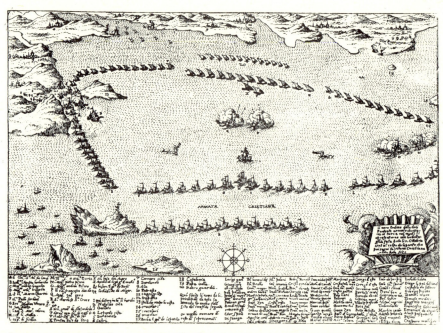

Lepanto, Seeschlacht vom 7. Oktober 1571

LIÈGE

Ciuitatis Leodiensis Genuina
delineatio.

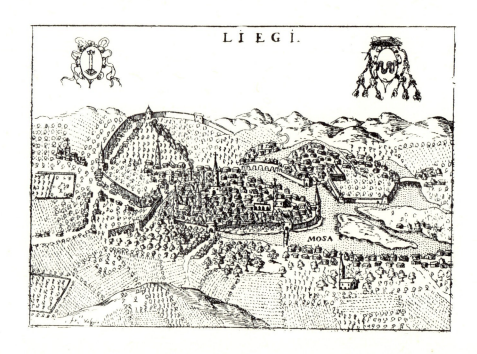

LIEGI.

MOSA

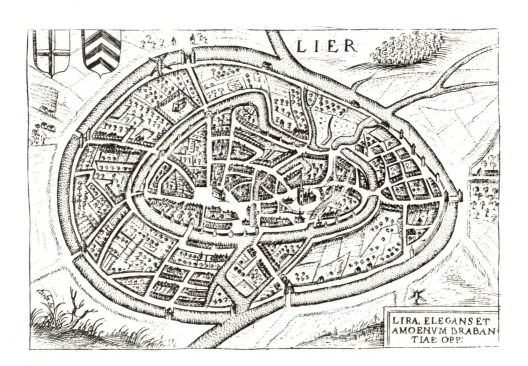

LIER

LIRA, ELEGANS ET
AMOENVM BRABAN
TIAE OPP:

LINDAW
Lindoia, oppidū Jmperÿ
insulare, ūndique aqua Acro=
mi lacus circumfusum

LIPPE

Lippia Opp: licet comitibus de Lippia, subsit tamen eius dimidia pars olim suit comitibus de marca concessa ut eam nunc in totum possideat, aequo iure cum comitibus de Lippia, agricultura ra sustentatu; et oblectationem militemo ex Lippia flumine capit.

LISBONA

Fr.º Valegio. f

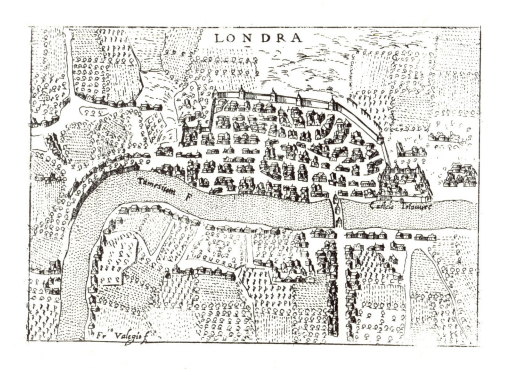

LONDRA

Tamesium F

Castels Totouuer

Fr.o Valegio f.

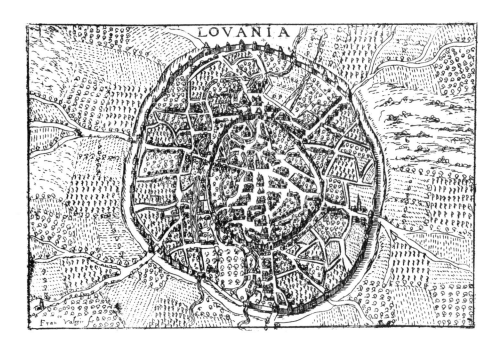

LOVANIA

Fran Valegio fe.

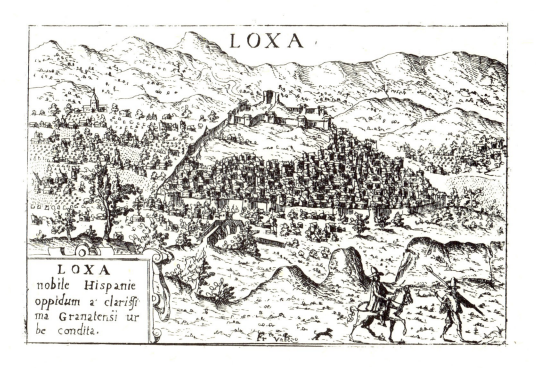

LOXA

LOXA
nobile Hispanie
oppidum a clariſsi-
ma Granatensi ur-
be condita.

Fr. Valleo

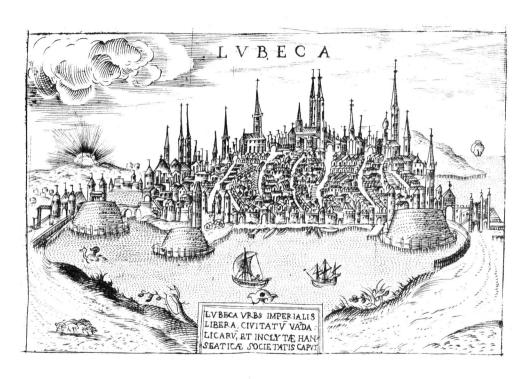

LVBECA

LVBECA VRBS IMPERIALIS
LIBERA, CIVITATV VADA-
LICARV, ET INCLYTÆ HAN-
SEATICÆ SOCIETATIS CAPVT

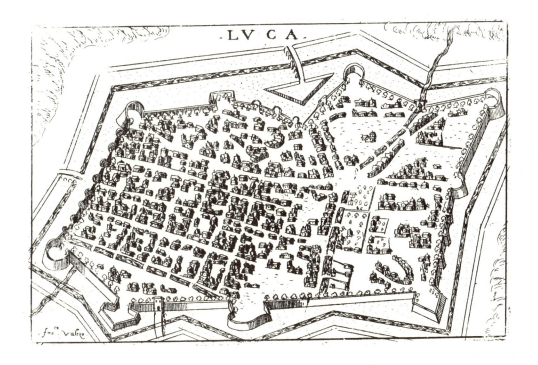

.LVCA.

fra Valegio

LVCERNA.

vrsula f.

Lucerna nomeq, quorúdam opinione obtinuit, a'magna turri in exitú lacus, ex
qua olim nocturni ignes, nauigantibus perluxerunt, ciuitas est satis amena,
et elegans, comune emporium, suctensium, Vranorum, et transiluanorum, in
ipsa lucerna, ursula fluuius manet.

LVNDEN

Lunden uetustissima Daniæ ciuitas, nam floruit Cristo nascente, et est mediter-
...et ubi mari proxima est unico tantum miliario ab eo distat, olim uallo
fossaq; cingebatur cuius tantum tres erant portæ S. Olaj una S. Martini altera,
tertia rubra dicebatur.

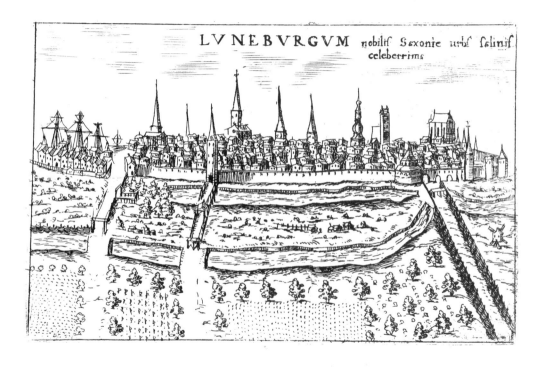

LVNEBVRGVM nobilis Saxoniæ urbs salinis celeberrima

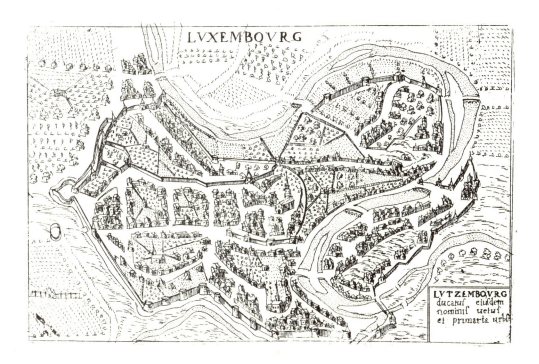

LVXEMBOVRG

LVTZEMBOVRG
ducatus eiusdem
nominis uetus
et primaria urbs

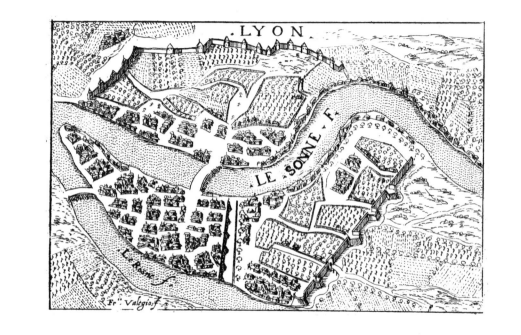

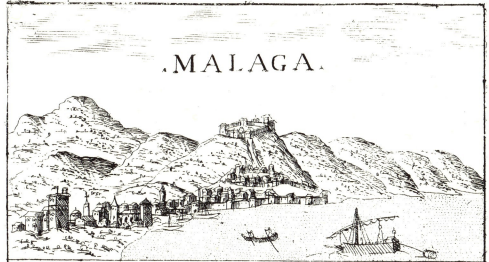

.MALAGA.

Malaga emporiū episcopale boetice Hispanie rerum deseruientium, neces-
ritate de uoluptati comodum: quo Belge confluunt: ut inde delicatissimos
fructus exportent: est que optime munitum ac septum firmis moenibus.

MALIGNES

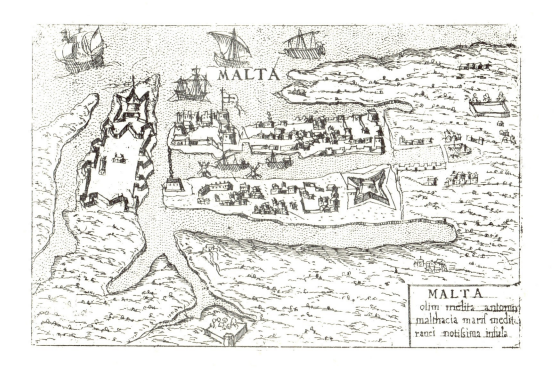

MALTA

MALTA
olim melita antonin
malthacia maris medit
ranei notißima infula

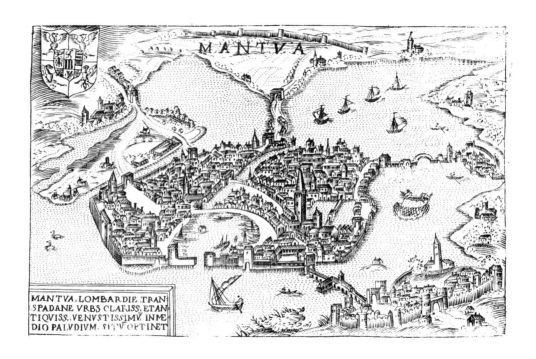

MANTVA

MANTVA, LOMBARDIE, TRAN
SPADANE VRBS CLARISS, ETAN
TIQVISS, VENVSTISSIMV INME
DIO PALVDIVM, SITV OPTINET

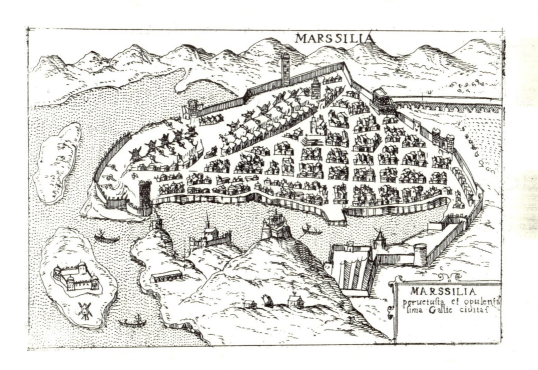

MARSSILIA

MARSSILIA
peruetusta, et opulentissima Gallie ciuitas

MARTIA

In ulteriori Hispania populorum nobilissimum

MASCON

Saone flu

Ad ararim
flumen burgū
die oppid

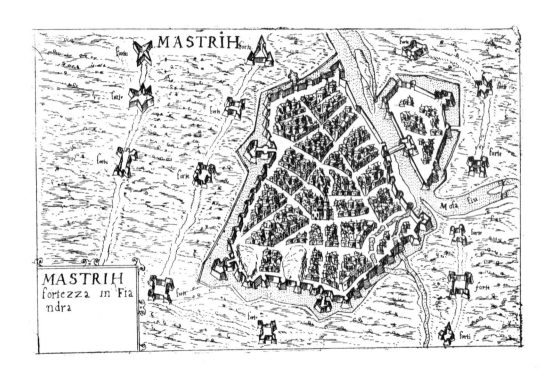

MASTRIH

MASTRIH
fortezza in Fia
ndra

MEISSEN

Albis flu

Urbs prestans apud
albis flumen iuxta
posita est

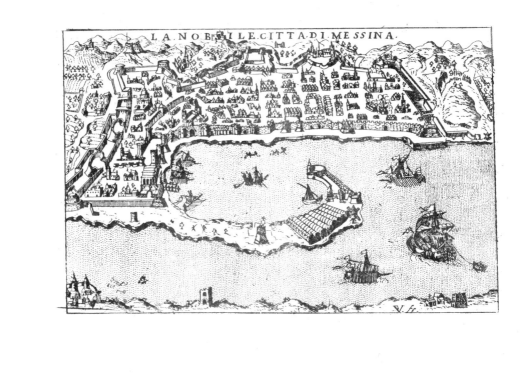

LA NOBILE CITTA DI MESSINA.

METZ

METZ
antiqua et precipue
Belgia urbs.

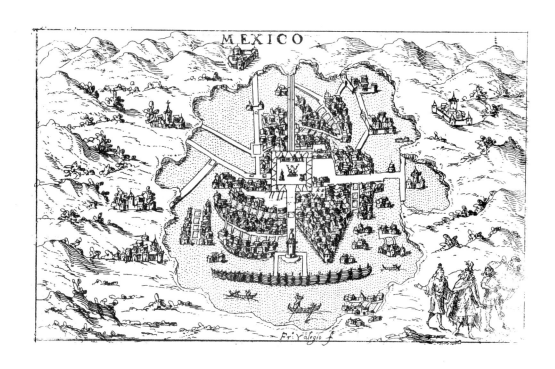

MEXICO

Fr. Valegio f.

MIDELBVRGVM

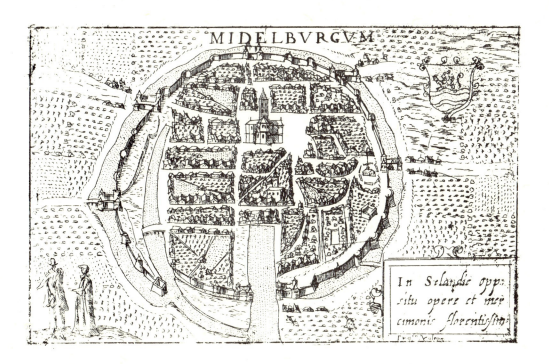

In Selandiæ opp:
situ opere et mer
cimonis florentissim:

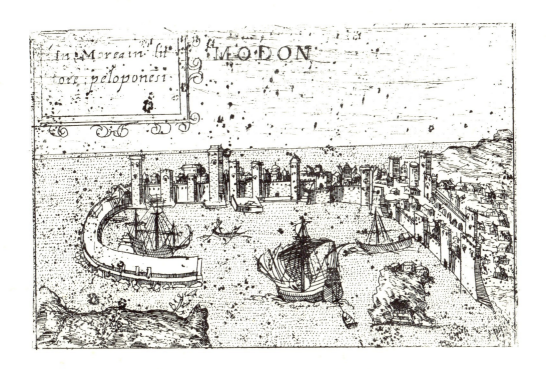

MOGVNTIA. Germanie Metropolis, ad
Rheni ripas Vrbs celeberi

R henus. Flu

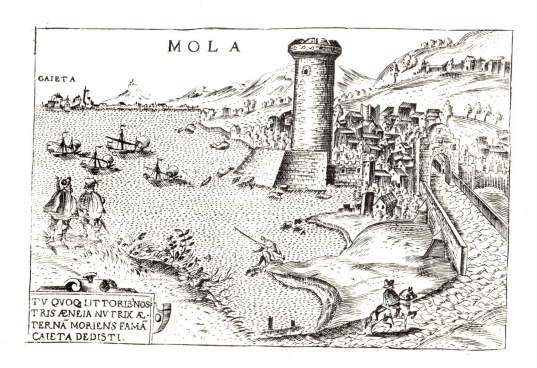

MOLA

GAIETA

TV QVOQ. LITTORIB NOS-
TRIS ÆNEIA NVTRIX Æ-
TERNÁ MORIENS FAMÁ
CAIETA DEDISTI.

MOMBAZA

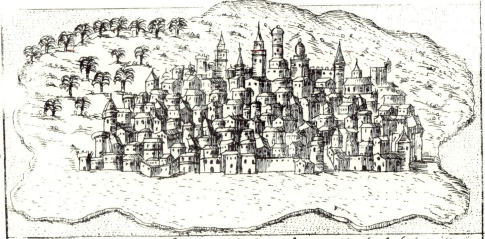

Mombaza Insulare oppidum, cum Rhodo multum similitudinis habet, illud
armis christiani occuparunt/1505/ quorum illa natio teterrimus est hostis,
tota militia circuitus eius possidet;

MONACHO

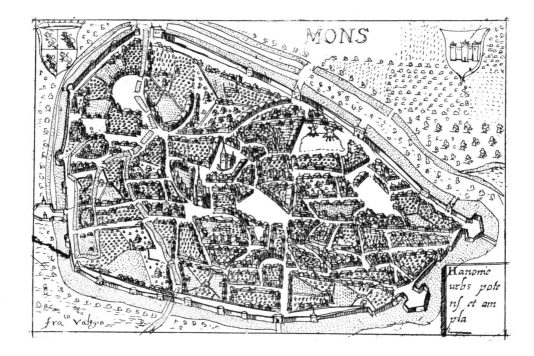

MONS

Hanonie
urbs pote
ns, et am
pla

fra^{co} Valegio

MONS REGIVS

B R E G E L A

F I V

MONS REGIVS, PRVSIÆ
SIVE BORVSSIÆ, VRBS
MARITIMA ELEGATIS-
SIMA PRINCIPIS SEDES

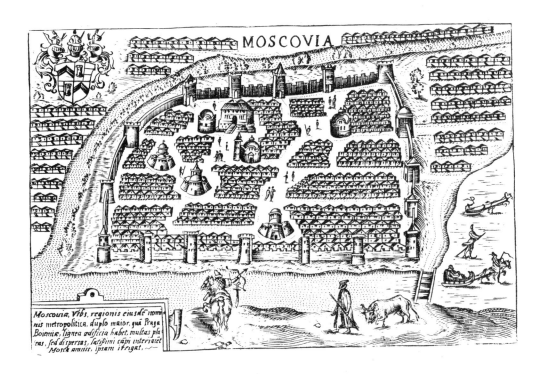

MOSCOVIA

Moscouia, Vrbs, regionis eiusdē nomi
nis metropolitica, duplo maior, quã Praga
Boiemiæ, lignea ædificia habet, multas pla
teas, sed dispersas, latissimi capi interiacet
Mosca amnis, ipsam irrigat.

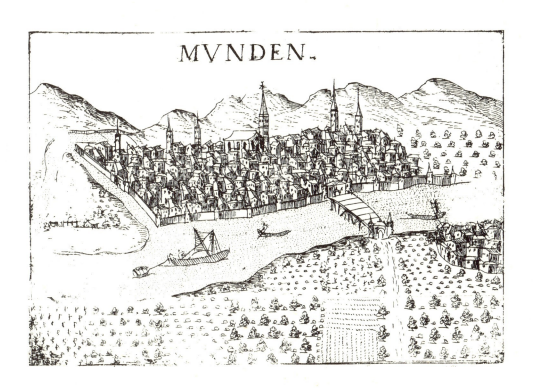

MVNDEN.

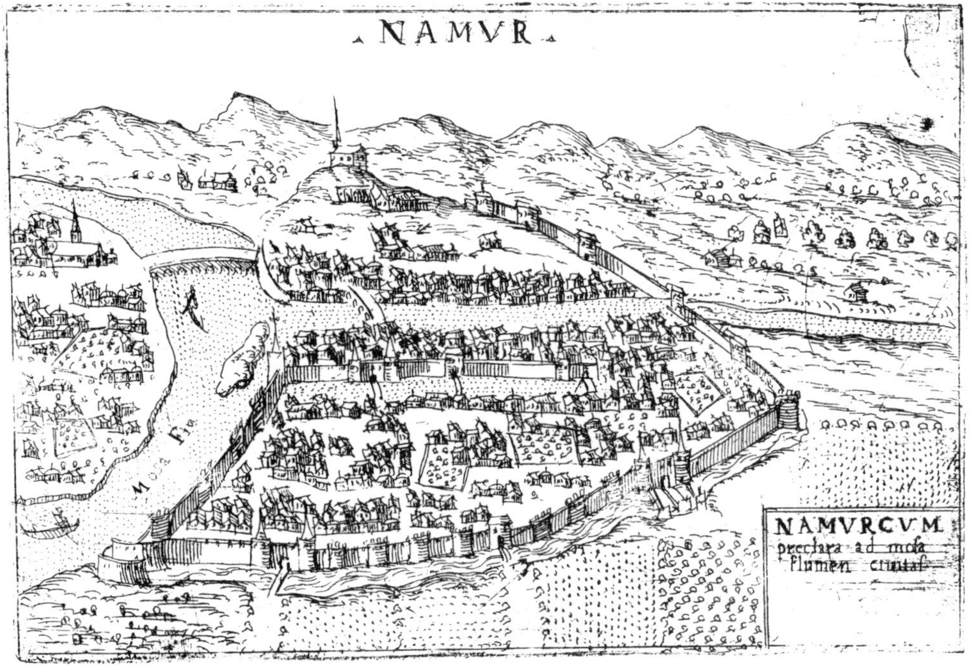
NAMVR
NAMVRCVM
preclara ad mosa
flumen ciuitas
Mosa Flu

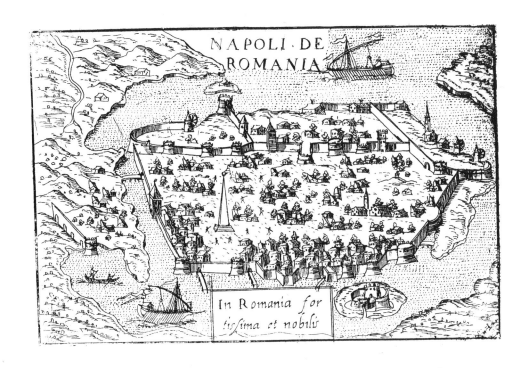

NAPOLI·DE ROMANIA

In Romania for-
tissima et nobilis

NEGROPONTE

In Morea urbß
magnanima et illustra

·NEMAVSVS·

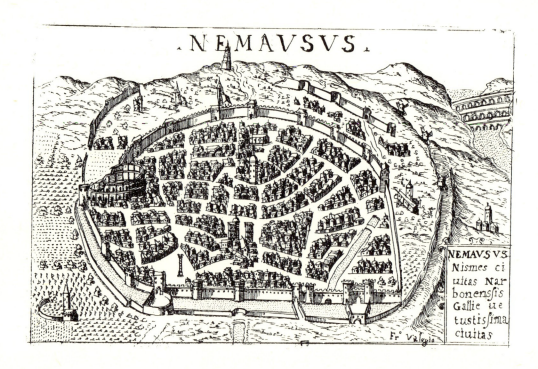

NEMAVSVS
Nismes ci
uitas Nar
bonenssis
Gallie ue
tustissima
ciuitas

Fr° Valeglo

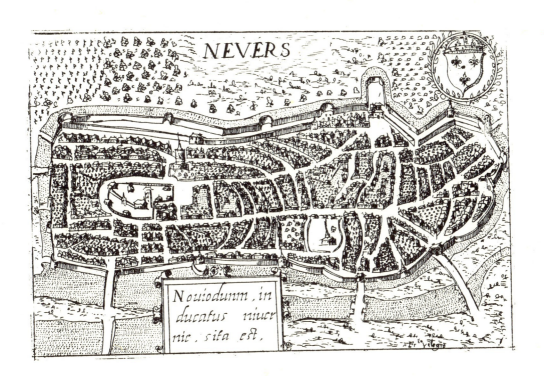

NEVERS

Nouiodunum, in
ducatus niuer
nic, sita est.

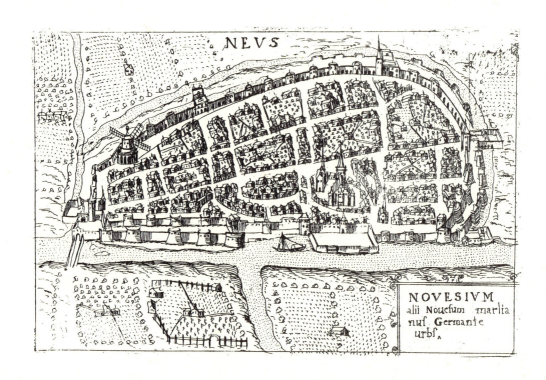

NEVS

NOVESIVM
alii Noueſum martia
nuſ Germante
urbſ.

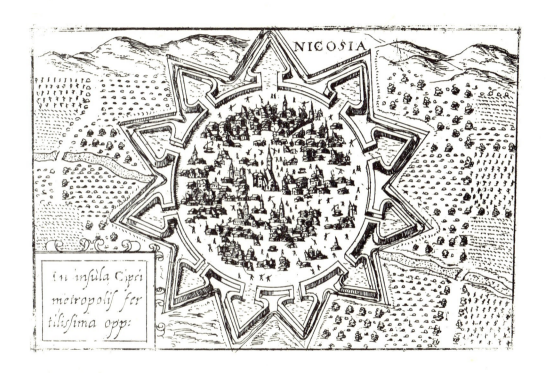

NICOSIA

In insula Cipri
metropolis fer
tilissima opp:

NORDLINGA.

Nordlinga a' Ptol: aro flauiane antiqua imperialis ciuitas; fere in medio
Rhetie inferioris collocata: nomen sortitur a' claudio Tiberio Nerone; hanc inqu:
le Norcling appollant; quam Egra annuis intersecat; maior domor pars iuxta
eum suos propios fontes uarias cellas ac alias comoditates habet

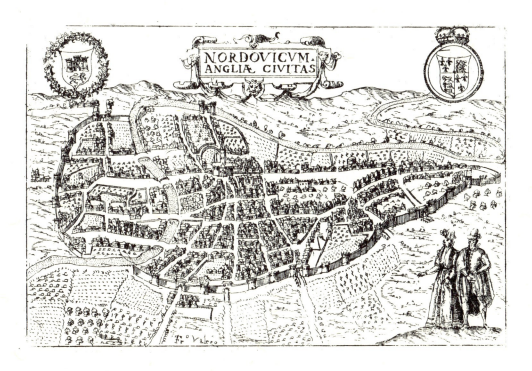

NORDOVICVM.
ANGLIÆ CIVITAS

Fr° Valeo

NOVIOMAGVM

NOVIOMAGVM
indita quondam fa
cundie gelte prima
ria urbf

NVRINBERG florentissimum Germsnie Emporium Rempub,

OLDENBVRGH.

Aldemburgum uel Oldemburgum duplex inuenitur: hnum in Holsatia epi-
scopatu insigne, alter in finibus Phrisiæ, huic Holsatiæ olim reguli dominaban-
tur qui haud dubitabant Regi Danoy bella inferre, sæpe uictoriam re-
portantes; olim portum habebat, nunc in mediterranea ciuitas abijt.

ORLEANS

La Loire fla

In Gallia abun
dantissima et fer
tilis omnia

ORMVS

Ormuſ ciuitas inclyta, ac Regnum Indiæ, ac Inſula; in Oſtio sinuſ perſici
collocata, diſtaſ ab Arabiæ millibuſ paſſuum triginta; ae, à perſide nouem
tantum, maritimuſ urbibuſ omnibuſ preferenda;

ORVIETO

P
O
T

URBSVETVS ITALIÆ
ET TVSCORV CIVITAS

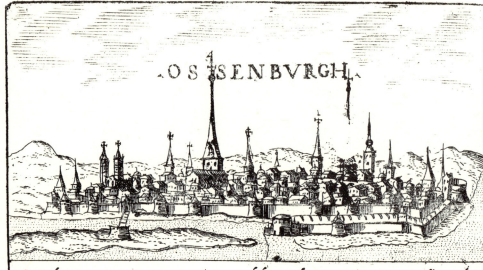

.OSSENBVRGH.

Ossenburgum insignis saxonie ciuitas, celebrus duoq; canonicarum collegis, hec
sub paucis annis, munitior facta, situ amœno obtinet uallem, amniq; Hassa iri-
gatur, in eius scola littere grece et latine a uires doctis traduntur.

OSVNA

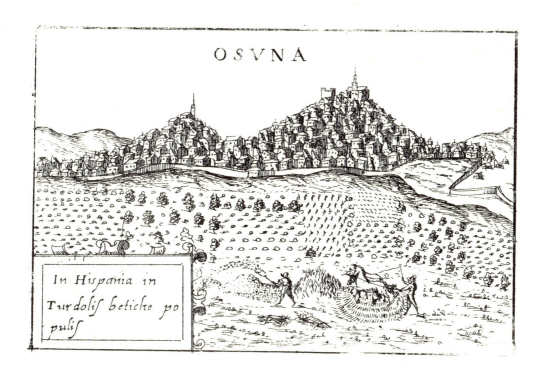

In Hispania in
Turdolis betiche po
pulis

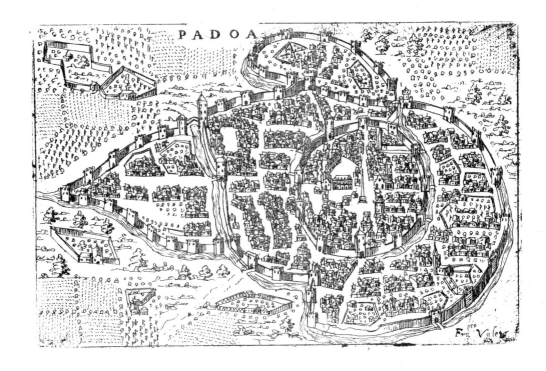

PADOA

Fra Vales

PALERMO

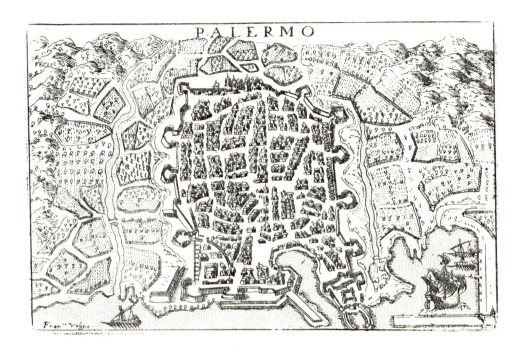

Fran^{co} Valegio

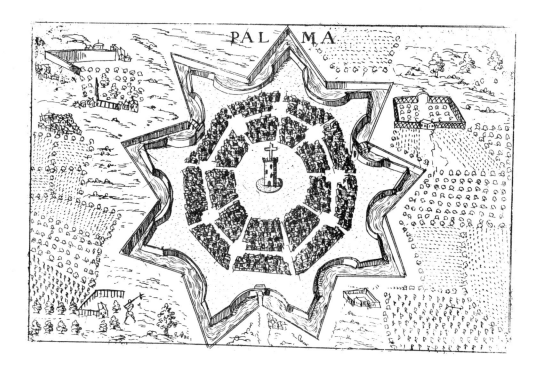

PAL MA

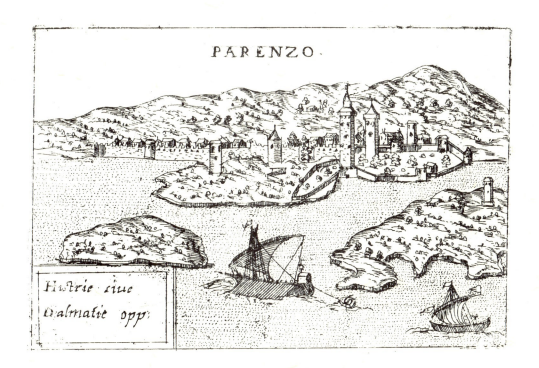

PARENZO.

Histrie siue
Dalmatie opp:

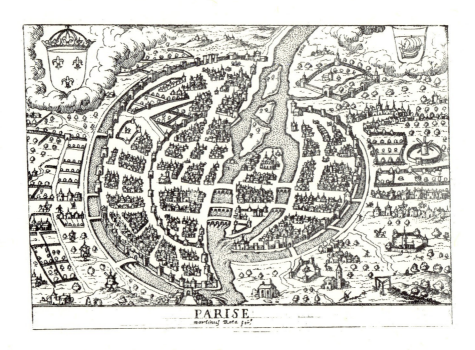

PARISE
martinus Rota fec.

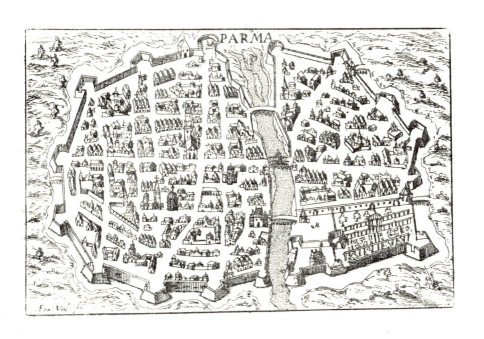

PATAVIA

PATAVIA VRBS INFE
RIORIS BAV.E FLORE
TISS. DANVBY OENI

PAVIA.

PESARO

PISAVRVM ELEGANS
PICENI VRBS

MARE ADRIATICVM VLGO
GOLFO DI VENETIA

L'ANTICHISS. E NOBILISS. CITTA DI PIACENZA

IL PO

PICTAVIS

PICTAVIS
siue Picta
uia Metropo
lis turis stu
dio celebris

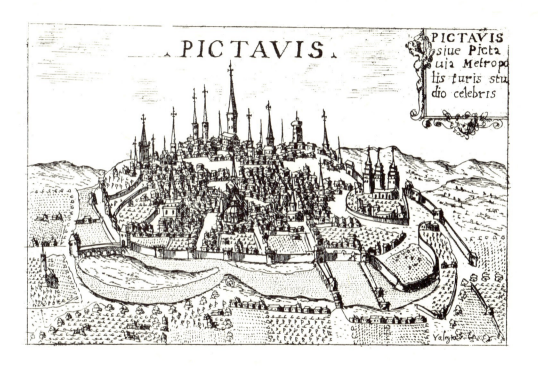

Valegio

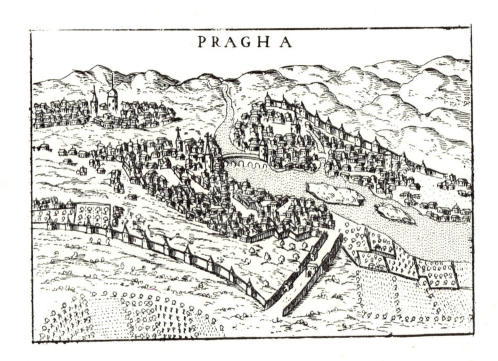

PRAGHA

QVILOA

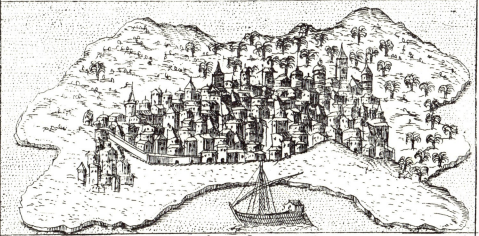

Quiloa Aphricæ ciuitas, in Insula eiusdem nominis, uix a' continente separata,
Regulum habuit accerrimum christianorum inimicum, tandem facta est
tributaria, Portugalliæ regi, 1505.

QVINZAI · METROPOLIS ASIE · ORIENTALIS

Quinzai ciuitas qua nulla in uniuerso orbe maior referente marco pau
lo, Venetiar: instar in quodam maris sinu edificata a quo parum distat ostiu
bohsangi fluminisq; pontes lapideos duodecies mille, ta altos ut sub illis naues trasire ualeant;

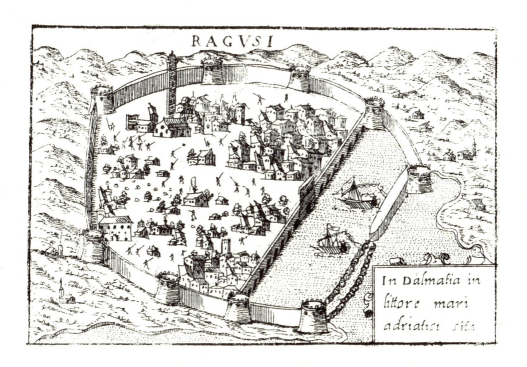

RAGVSI

In Dalmatia in
littore mari
adriatici sita

RATISBONA antiquissima Bauariæ urbs, Danubii ripis adiacet Imper.

Danubio

Flu

REGGIO

Regium lepidi
urbs nobilissima
in lombardia

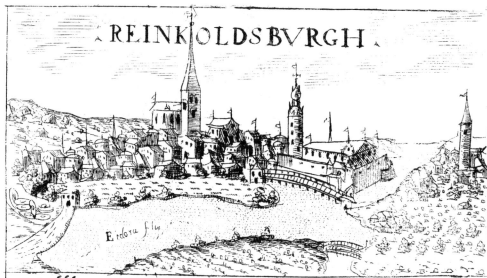

ᴀREINKOLDSBVRGHᴀ

Eidora flu

Reinoldsburga ciuitas Holsatie elegans est, opportuno loco sita, Eidora, n', totam eam circunfluit, et aliquoties cursu diuidit, unde rectus nauigatio in Hispaniam, Galliam, et cet; turris elus arce est mirifice fabricata, et est pariter Dᵃniq regi subiecta

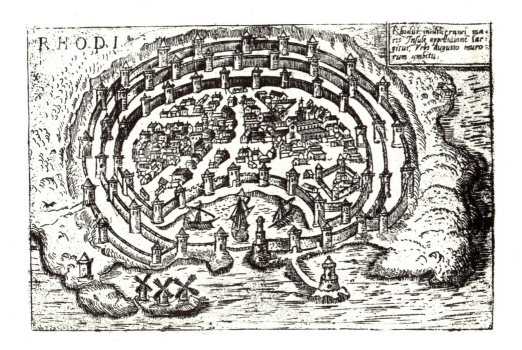

RHODI

Rhodus mediterranei maris Insulæ appellatione carigitur, Vrbs Augusto murorum ambitu.

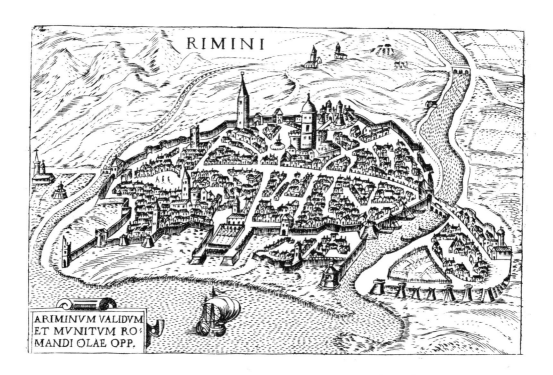

RIMINI

ARIMINVM VALIDVM
ET MVNITVM RO-
MANDI OLAE OPP.

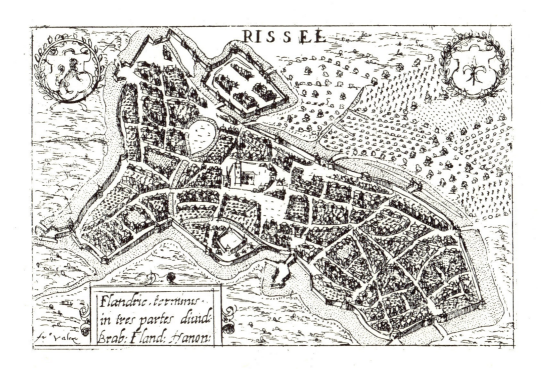

RISSEL

Flandrie terminus
in tres partes diuid:
Brab: Fland: Hanon:

fr: Valer

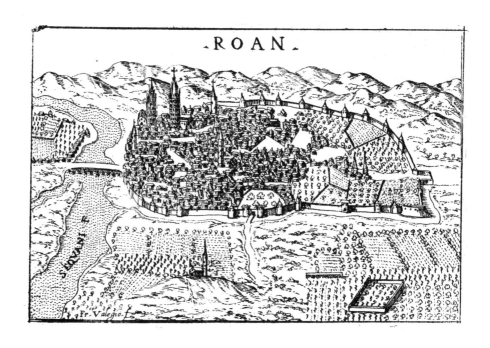

.ROAN.

S. BRVANI. F.

Fr. Valegio. f.

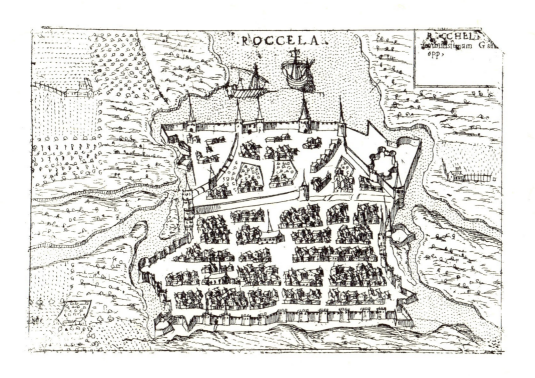

ROCCELA.

RCCHEL
illegible Gall
opp,

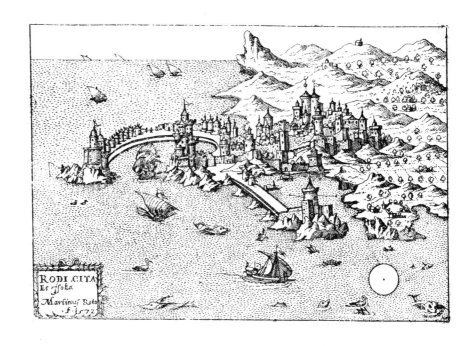

RODI CITA
Et jsola.
Martinus Rota
·f·1572

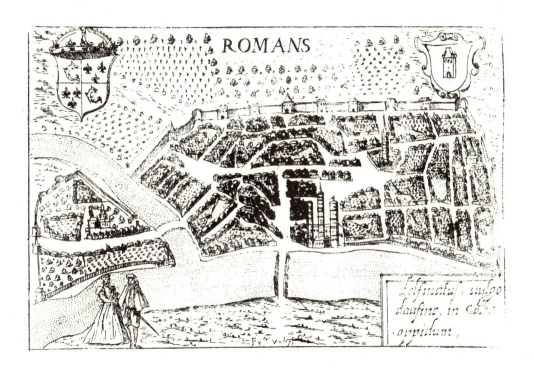

ROMANS

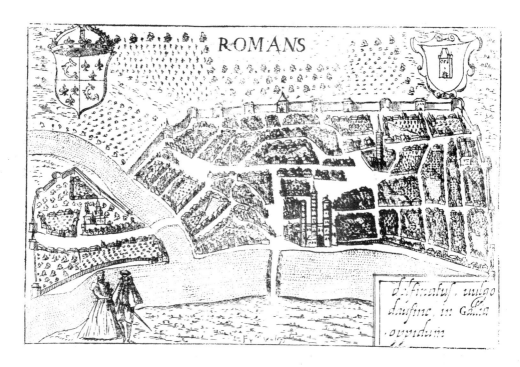

ROMANS

destinatus, uulgo
daufine, in Gallia
ouridum

ROSTOCHIVM

Rostochium urbs maritima Saxoniæ, megelburgesi duci subdita, populis affluens
ac divitiis, que primum rusticorum arx casellis septa, circa anni salutis
1150? cepit in oppidi formam consurgere, universitatem habet prænobilem
institutam 1491.

ROTENBVRG

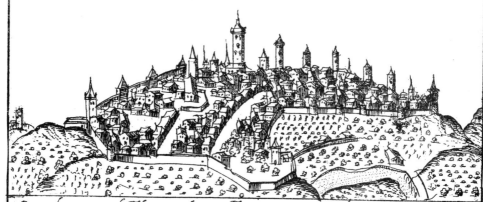

Rotemburgum ad Tubarum elegans Franconie Opp: Hierosolimitane urbi situ
respondere dicitur, a' turrium et tegularum rubore nomen habens; olim
proprijs Ducibus paruit: nunc Imperio post Friderici primi secula accessit.

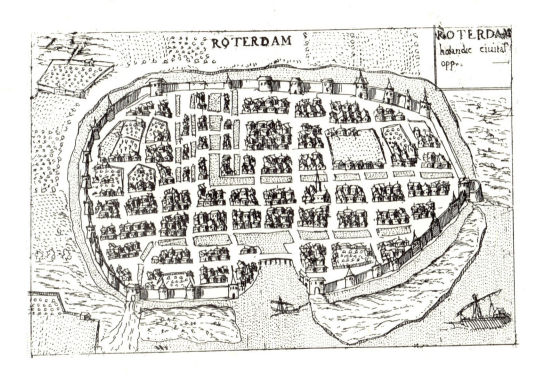

ROTERDAM

ROTERDAM
holandie ciuitas
opp.

RVFACH

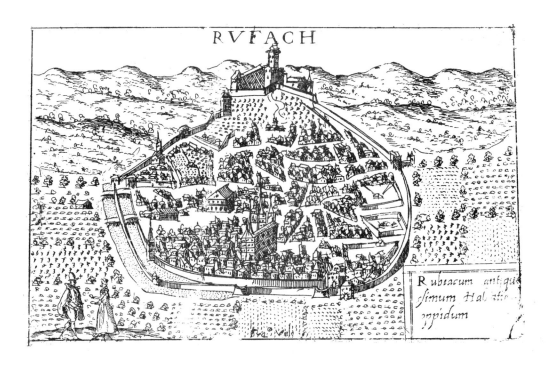

Rubeacum antiqu-
ssimum Halsati-
onpidum

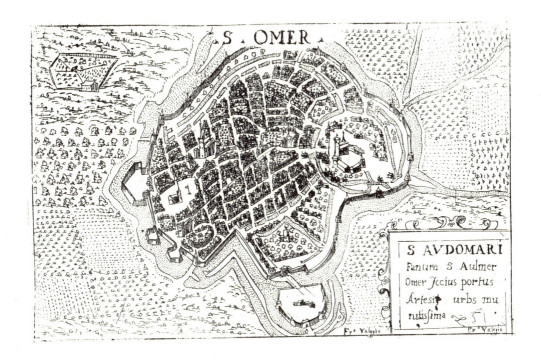

S . OMER

S AVDOMARI
Fanum S. Aulmer
Omer Iccius portus
Artesi urbs mu
nitissima

·SALA·

Sala duplex eius nominis Opp: amnis intersecat uetus et nouum: uetus iam
multas: ædium structura et mercature commodis admodum auctum arcem habet
amplam, et turrim summatassem: quam fabricarunt saraceni huic uicinum conspi-
citur castrum in quo est regum fesse sepultura:

SALTZBVRG

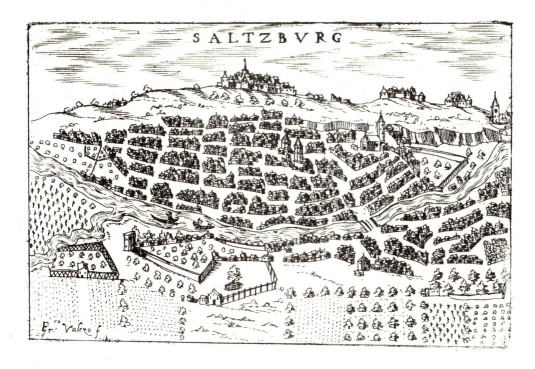

Fr.co Valeo f.

S . GALLI .

.S. GALLI .OPP.
et monasterium Heluetiorū
asserente Ottone Frisigensi
lib. V. Cron; a .S. Gallo qui
in Sueuia resedit

Sᵀᴼ SEBASTIAN

S. Sebastianum unum ex præcipuis in Ora maritima Giupascoę Opp; ad hostiu̅
Meliasci fluminis situm; et amplissimo portu factu sagaris nature prouidentia; in
quo naues tutam habent stationem nobile: Ager est uini frumenti et lane ferax;
et ab ee pag: iuga Pireneor: montium distant;

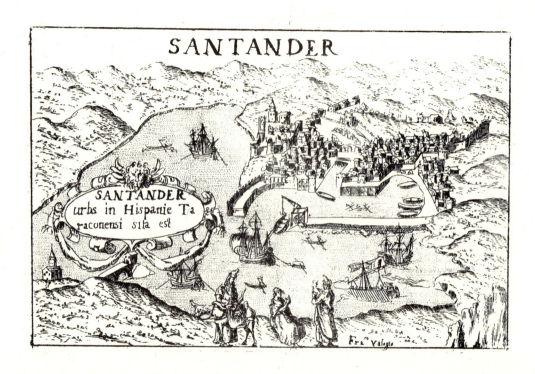

SANTANDER

SANTANDER
urbs in Hispanie Ta
raconensi sita est

Fra.° Valegio

⸱ S C H A P H V S I A ⸱

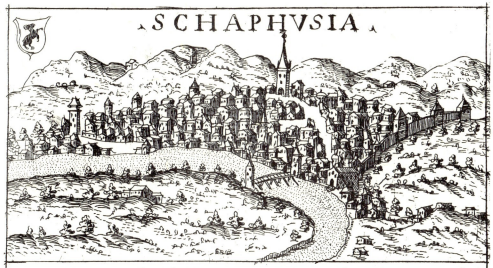

Scafusia que et Arietis ciuitas uocatur; ab ortu Basilleę posita, tribus
gaudet pontibus super rheno extructis; quorum tertio coniungitur
eluetiorum terre; habetq limpidissimis fontes;

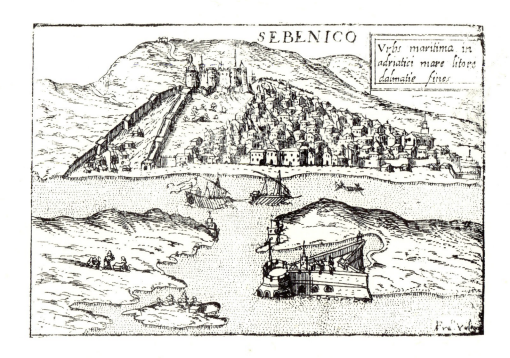

SEBENICO

Vrbs maritima in adriatici mare litore dalmatie fines

SEGEBERGA

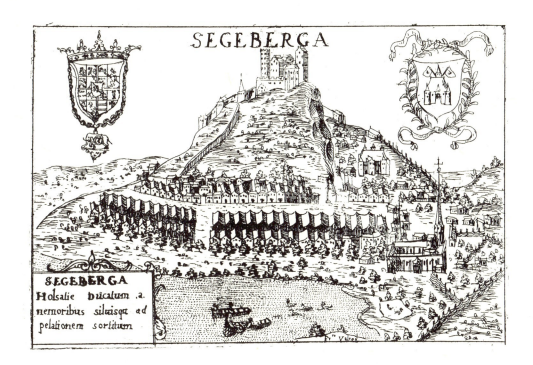

SEGEBERGA
Holsatie Ducatum .a.
nemoribus siluisqu ad
pelationem sortitum

Fr Velter

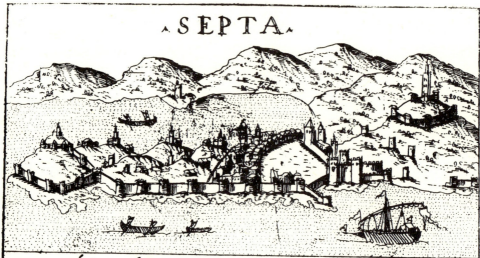

·SEPTA·

Septa uel iuxta lusitanos seupta in faucibus freti herculei edificata,
a romanis, olim totius mauritani metropolis, ideo ab eis nobilitata, sed
deinde fuit a gothis occupata, et nunc in maumetanorū potestate quiescit.

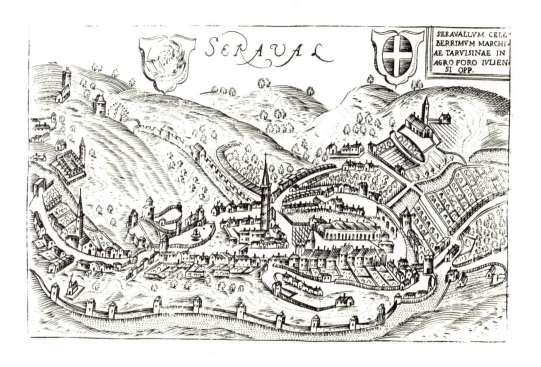

SERAVAL

SERAVALLVM CELE-
BERRIMVM MARCHI-
AE TARVISINAE IN
AGRO FORO IVLIEN-
SI OPP.

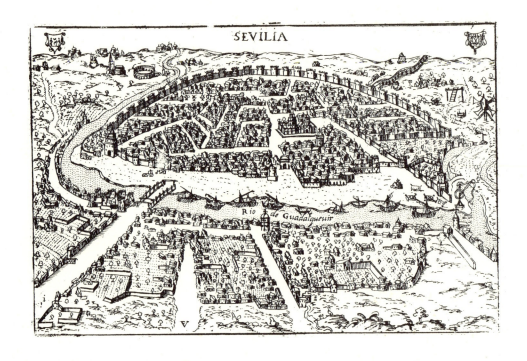

SEVILIA

R.10 de Guadalquivir

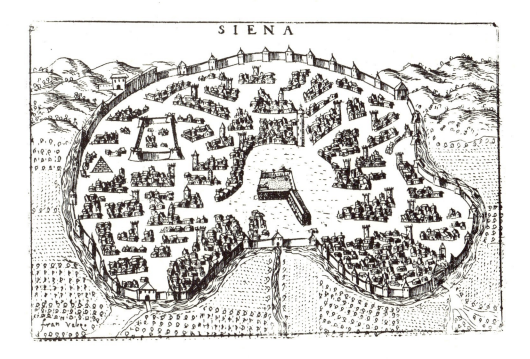

SIENA

fran Vale

SIENA

El Carmini

Giudella

pallazzo del
diauoli

Sena nobilis Hetruriæ Ciuitas,
Polybio teste, a Gallis Senone-
sibus ædificata.

SEDVNVM
primaria et metro
politica Valesiæ urbs

SITTEN

SLEVICVM

SLEVICVM
Cimbricæ quondam foti
us Metropolis amplisfimũ
ex comerciorum frequelia

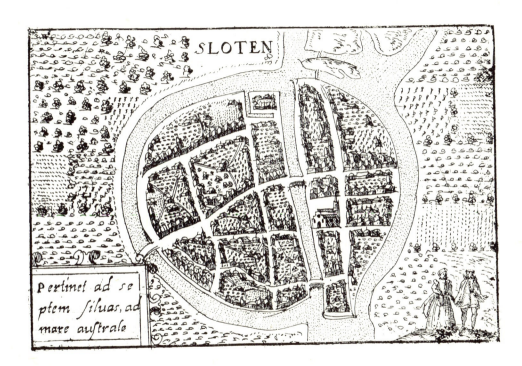

SLOTEN

Pertinet ad se
ptem siluas, ad
mare australe

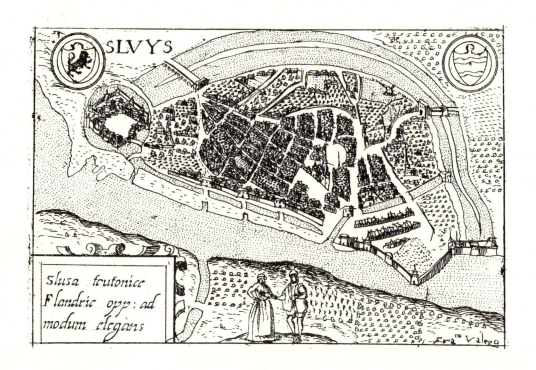

SLVYS

slusa teutonice
Flandric opp: ad
modum elegans

Fra.co Valeo

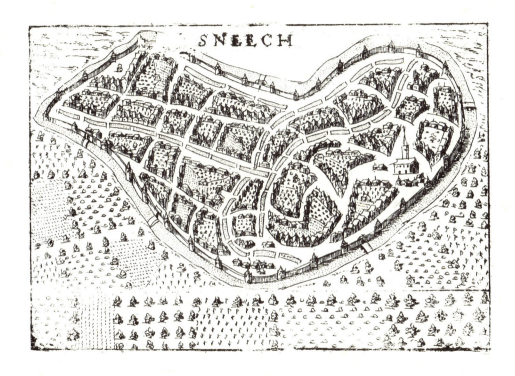

SNEECH

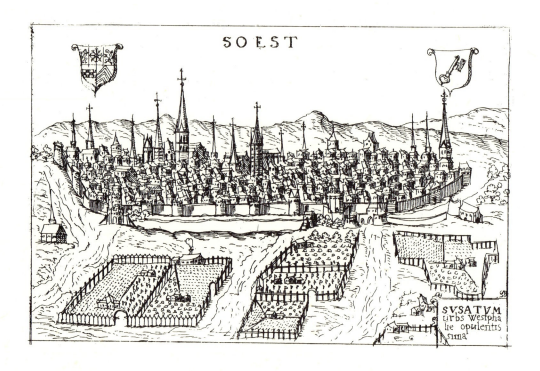

SOEST

SVSATVM
urbs Westpha
lie opulentis
sima

◦SOLVTVRVM◦

arola f.

Soluturum una ex uetustissimis Heluetie ciuitatibus, sita ad arolam
fluuium, aurifer. par post treuerim constructa, aliqui scribunt solu;
turum, quasi solis turris ab antiqua turri in medio ciuitatis sita,
ager plenus est licet ægre ferat: uites. Imper.

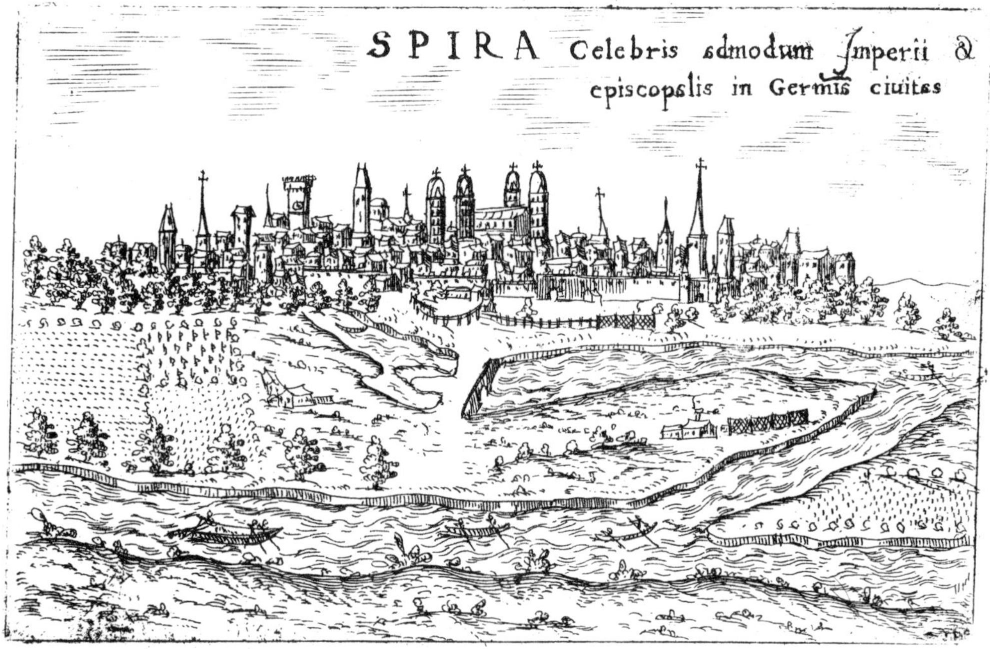

SPIRA Celebris admodum Imperii &
episcopalis in Germis ciuitas

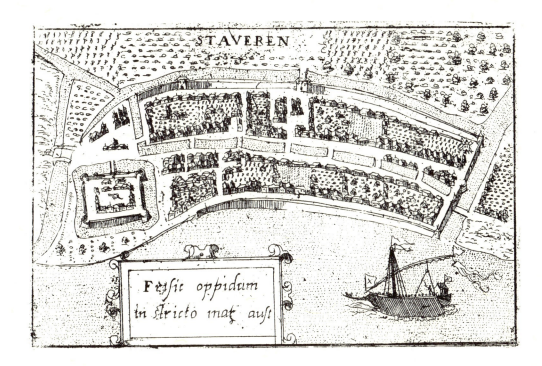

STAVEREN

Frisit oppidum
in stricto mari austr.

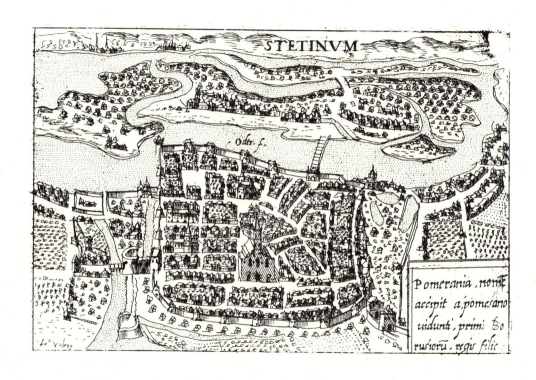

STETINVM

Oder f.

Pomerania nome
accipit a pomesano
uidunt, primi Bo
rusioru regis filie

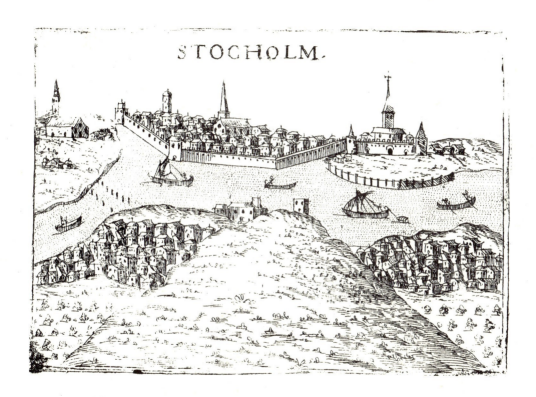

STOCHOLM.

◦ STRAVBINGA ◦

Straubinga Bauariæ Opp: conditum /1208/ ubi Bauariæ tesiantur annale:
Danubii uicinitate illustratur. Augusta, acilia. Auentino:

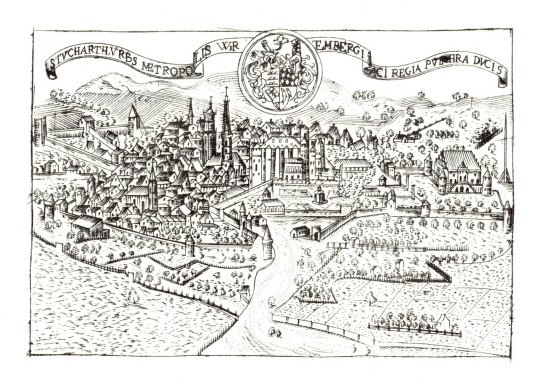

STVCHARTH VRBS METROPOLIS WIRTEMBERGIACI REGIA PVLCHRA DVCIS

⸱ S V I C I A ⸱

S uicia ciuitas posita inter lacum Tiguri et Lucerne; ab hac
ciuitate trahunt nomen eluetij; quos suizzeros appellant;

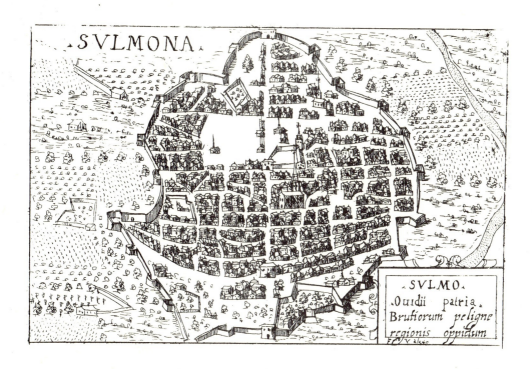

·SVLMONA·

·SVLMO·
Ouidii patria.
Bruſiorum peligne
regionis oppidum

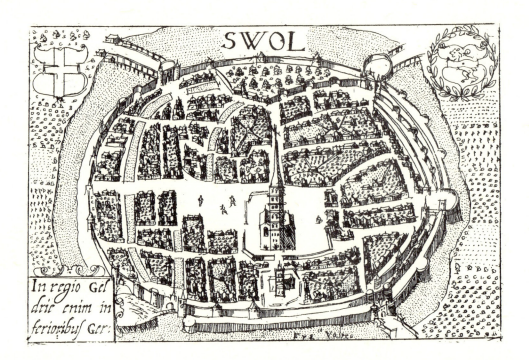

SWOL

In regio Gel
drie enim in
ferioribus Ger:

·SYLVANIA·

Siluania seu mauis Vnderual libere conditionis preiuss mutuo societatis foedere iunctus suicie ac Vranie, anno salutis 1315 naturali
uallo circuceptus pascua habet amena, vde naturales magnas luctatur opes.

TERRACINA

VETVSTISS. AD MARE
THIRRHENVM TERRA
CINAE OPPIDVM.

TERRAMO CITTA
REGGIA

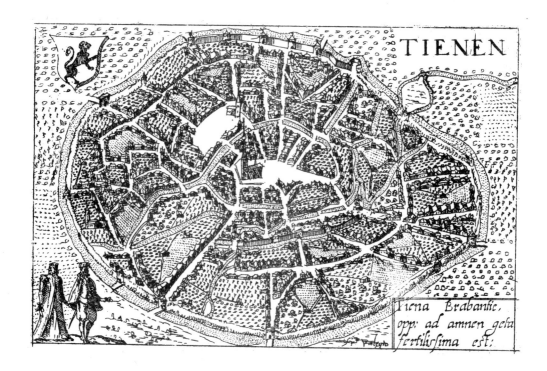

TIENEN

Tiena Brabantiæ,
opp: ad amnen geta
fertilissima est.

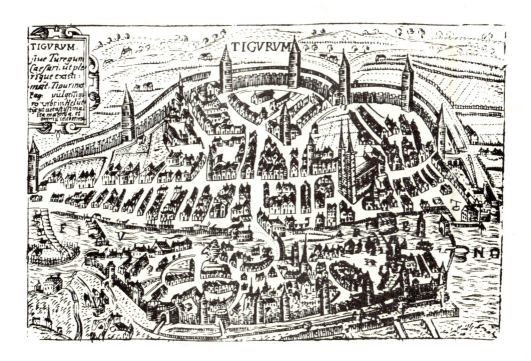

TIGVRVM

TIGVRVM,
sive Turegum
Caesari, ut ple-
risque existi-
mat. Tigurinis
pag. vulgo Tigu-
ro. urbs in Helue-
tijs ut artust͡ssima
ita max͡aq, et
omniu celeberrim

TINGIS

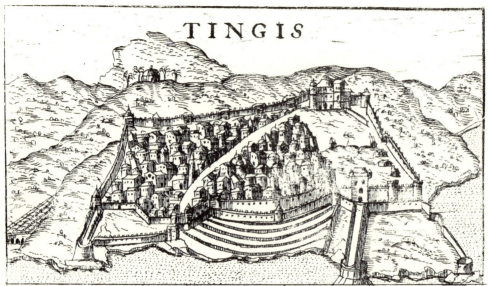

Tingis a lusitanis tangiara dicitur: non procul a freto Herculeo; admiranda
structuris sumptuosisimis, sed non et ager admodum foelix, licet ualles
possideat irrigatas, assiduis pontibus:

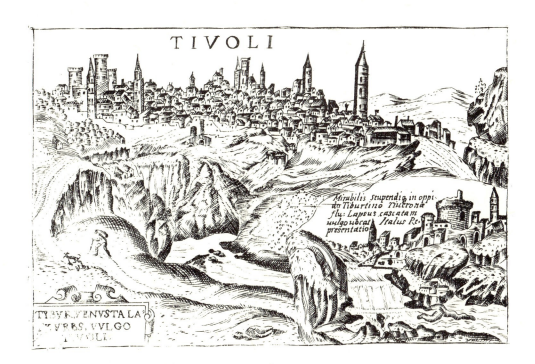

TIVOLI

Mirabilis stupendiq, in oppi-
do Tiburtino Nitronæ
flu: Lapsus cascatam
uulgo uocat Italus Re-
presentatio

TYBVR VENVSTA LA
VRBS, VVLGO
TIVOLI

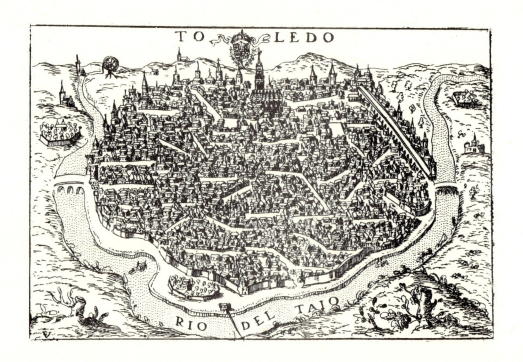

TORNACVM
VLGO TOVRNAY

TORNACVM, VRBS
AD SCALDIM, IN NER
VYS SITA, IN COLIS GA
LLIS TOVRNAY.

.TOVRS.

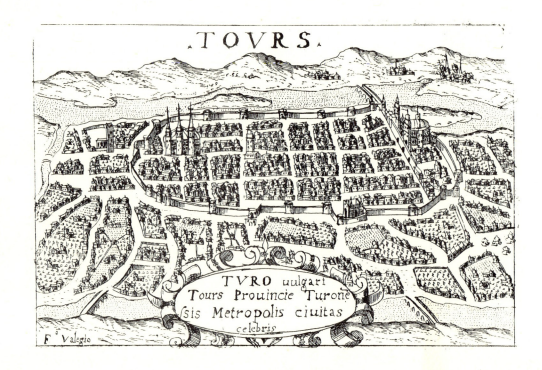

TVRO uulgari
Tours Prouincie Turone
ſsis Metropolis ciuitas
celebris

F.º Valegio

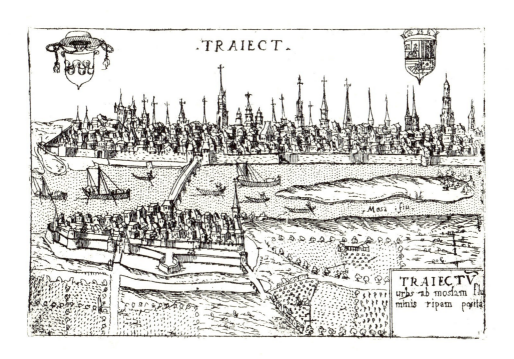

. T R A I E C T .

Mosa flu

TRAIECTV
urbs ab mosiam flu
minis ripam posita

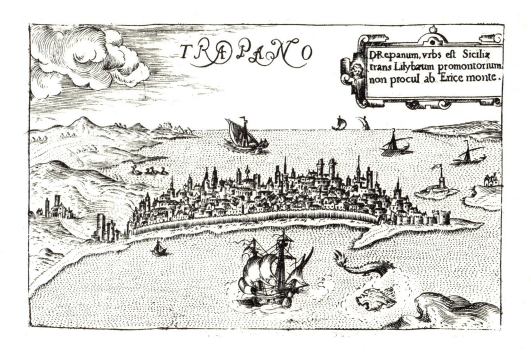

TRAPANO

DRepanum, vrbs est Siciliæ
trans Lilybæum promontorium,
non procul ab Erice monte.

TRE·VERIS·

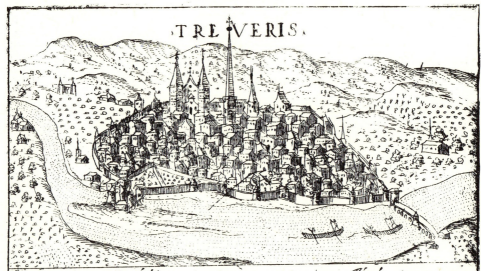

Treueris ciuitas Gallie belgice antiquissima cum uniuersitate, Abrahe tempore condita, a Trebeta Nini filio, iuxta morellam, in ualle, natura loci munita et quam-
tum floruerit ædificiorum ruine ostendunt cum modo nec magna nec pulcra sit: habet q
palatium, ex cocto latere tante firmitatis ut nulla arte frangi queat

TREVSO

TERVISIVM, MARCHI-
Æ TÆRVISIÆ METRO-
POLIS.

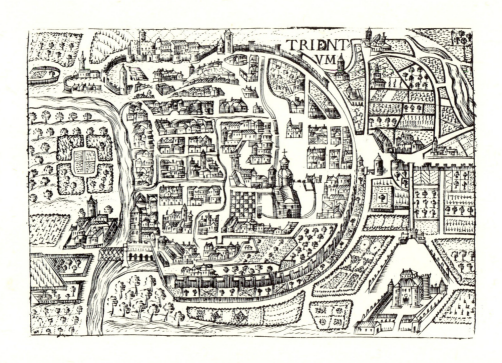

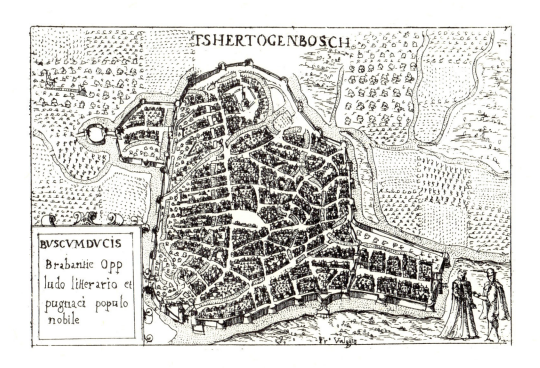

TSHERTOGENBOSCH

BVSCVMDVCIS
Brabantie Opp
ludo litterario et
pugnaci populo
nobile

Fr· Valgata

TVBINGA

Necarum fl.

Tubinga in ducatu Virtenbergensi ad Neccarum flumen urbs admodum elegans,
frumeto, et uino copiosa, que bona a'deo largita tam incolis quam sueuis con=
terminis populis comunicat, utranque in lapide ponte neccari ripam coniungit; orna=
mento rei litterarie, ac uniuersitate compicua.

TVGIVM·

Tugium vulgo Zug ciuitas eiusdemq́ nominis regio; lacui adiacet Tugino cui
à ciuitate nomen huiusmodi fuit impositum; viros bellicosos producit; vñde
glareanus eos ob costantiam camillos nominat, frumenti ac vini agrum
feracem habet;

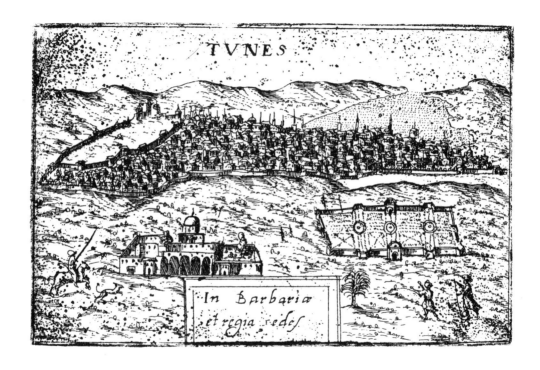

TVNES

In Barbariæ
et regia sedes

TVRINO

AVGVSTA TAV
RINORVM IN
SABAVDIE

IL PO

TZAFIN

Tzaffin elegans Aprice opidum, quod is o drego dasabusa regis
emanuelis prafectus mauris eripuit; septa muro ex montibus astantot
ardentibus firmam culta edificia et mare altitudine turrim.

VAGLI ADOLIT

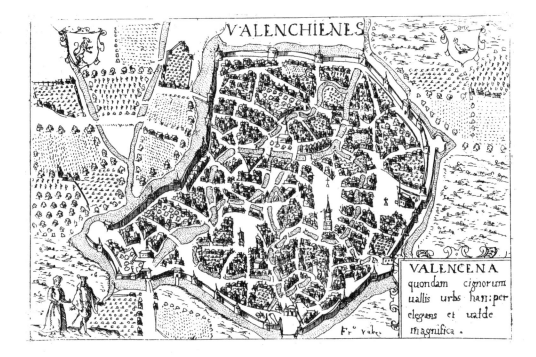

VALENCHIENES

VALENCENA
quondam cignorum
uallis urbs hari: per
elegans et ualde
magnifica.

Fr° vâke

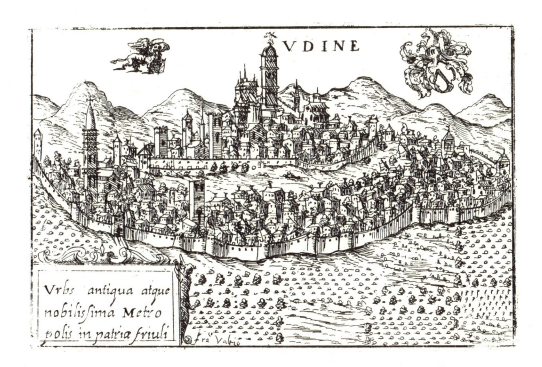

VDINE

Vrbs antiqua atque
nobilissima Metro
polis in patria friuli

Fra Valrie

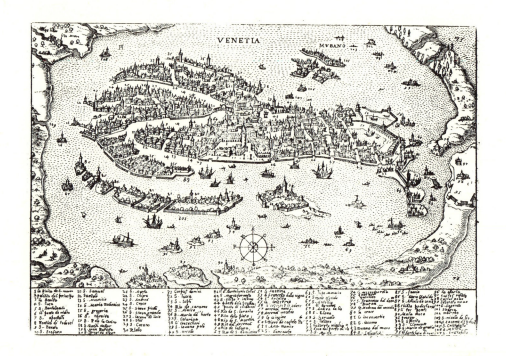

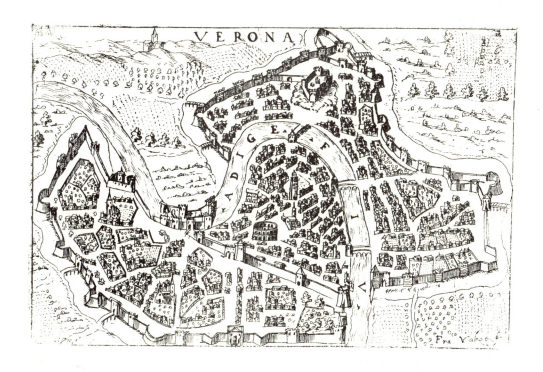

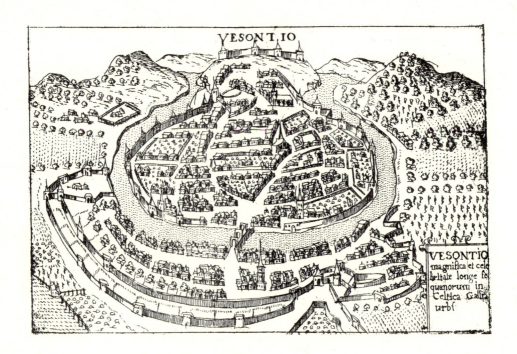

VESONTIO

VESONTIO
magnifica et cele
britate longe se
quanorum in
Celtica Galli
urbs

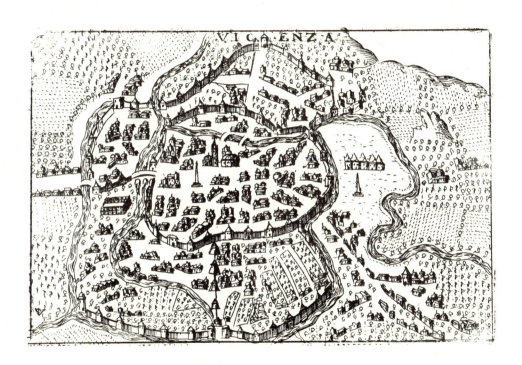

VIENNA

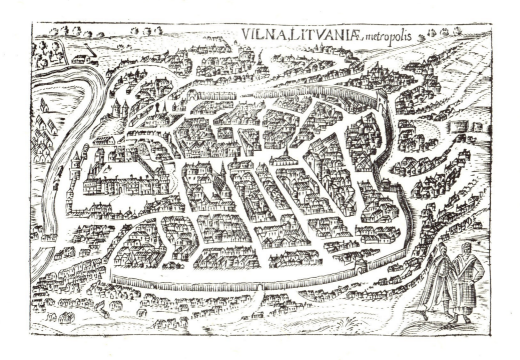

VILNA, LITVANIÆ, metropolis

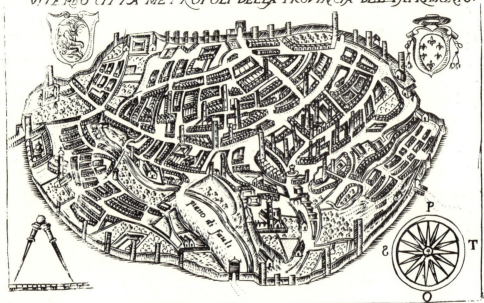

VITERBO CITTA METROPOLI DELLA PROVINCIA DEL PATRIMONIO.

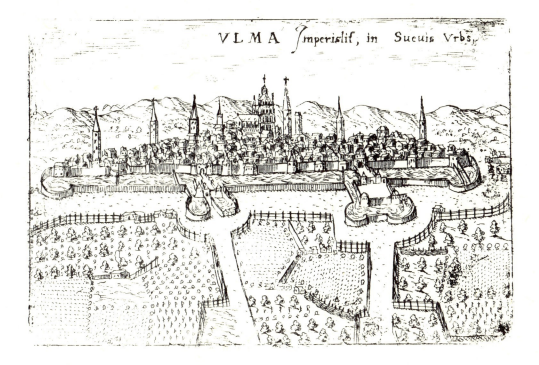

VLMA Imperialif, in Sueuis Vrbs,

URBINO

URBINVM, PICENI VRBS, ALTO
IN MONTE INTER ALBIN SI=
VE SAPIM.

VRSELLA.

Vrsella quam Vri dicunt, situ et natura loci opidum munitissimum, a'
meridie S. Gothardi, ab ortu crispalto, ab occatu frigidissimo ac ascensu
difficillimo furca montibus clauditur, cum a' septentrione lucerninum
lacum respiciat, et fluuio Vrsa celebri irrigatur quod uulgo russ dicitur.

VRSINA.

Arola

Vrſina ciutaſ uulgo Berna Heluetie, cam bartholduſ dux Zeringenſiſ con-
ſtruxit, et ab urſo in uenatione capto denominauit; in peninſula ſitu
eſt, quam facit arola, amniſ nauigabiliſ; ſolum habet omnium reru preterquã
uini ferax; hec urbſ ab urſo nome accepit, ſolet ppetuo aliquot urſoſ nutrire; Imp

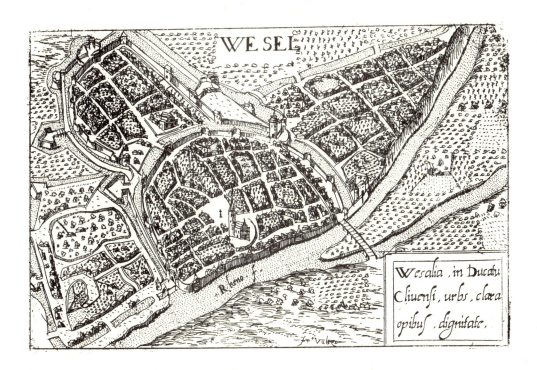

WESEL

Rhino

Wesalia, in Ducatu
Cliuensi, urbs, claera
opibus, dignitate.

WESEL Imper.

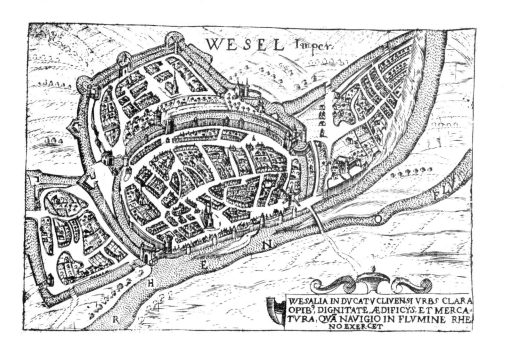

WESALIA IN DVCATV CLIVENSI VRBS CLARA
OPIB⁹, DIGNITATE, AEDIFICYS, ET MERCA
TVRA, QVA NAVIGIO IN FLVMINE RHE
NO EXERCET

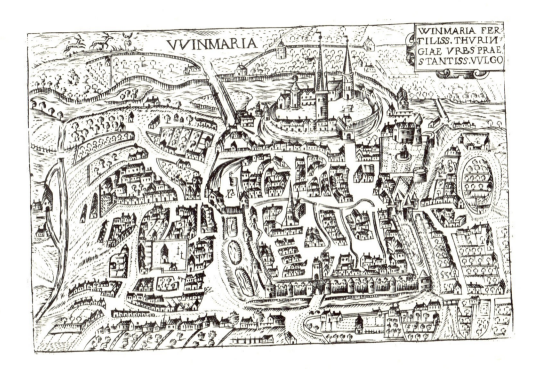

VVINMARIA

WINMARIA FER
TILISS. THVRIN
GIAE VRBS PRAE
STANTISS. VVLGO

WISMARIA.

Wismaria in ducatu megapolensi clara ciuitas: in laco, mari contiguo constructa.
unde autem sic nominetur in obscuro manet: que anno sal: 1262 incendio deleta,
tam multa quam ante magnificentius fuit extructa; miserandus casus in ea ia
occursu fabri cuiusdam legnaris, filios tres uxores, et seipsu gladio interimetis legatur apud alios.

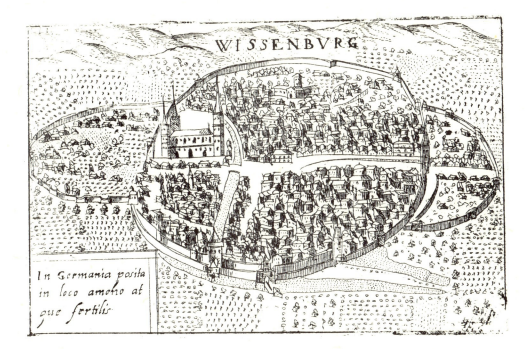

WISSENBVRG

In Germania posita
in loco ameno at
que fertilis

WITTENBERG

Saxoniæ oppidum, Vniuersali litterarum studio celebre.

WORMATIA uetustissima ciuitas, ad Rhenum optimo et fertilissimo loco sita.

Rhenus Flu.

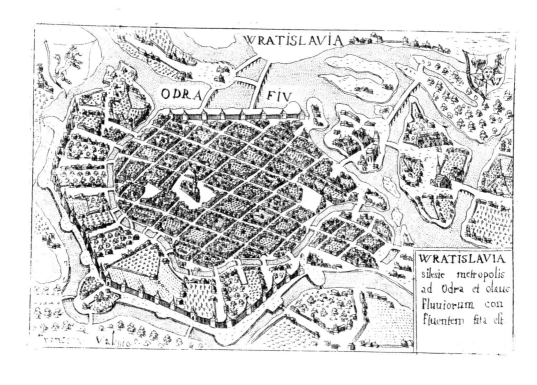

WRATISLAVIA

ODRA FIV

WRATISLAVIA
silesie metropolis
ad Odra et olaue
Fluuiorum con
fluentem fita eft

Francisc. Valegio

WYRTZBVRG

Herbipolis, communiter Wirtzburg, orientalis Franciæ metropolis

moen: fium

XERES DE LA FRONTERA

Vrb inclita in
andalusia Hispania
regione sita

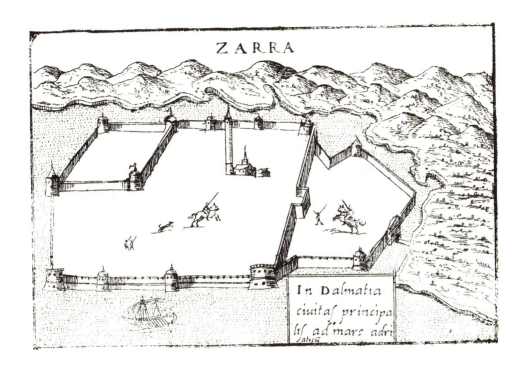

ZARRA

In Dalmatia
ciuitas principa
lis ad mare adri
aticu

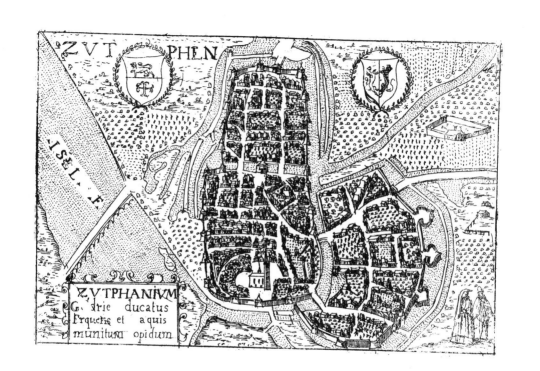

ZVT PHEN

ISEL. F.

ZVTPHANIVM
G. drie ducatus
Frqueñs et aquis
munitum opidum